医療観察法と事例シミュレーション

編 著
武井 満

星 和 書 店

Seiwa Shoten Publishers
2-5 Kamitakaido 1-Chome
Suginamiku Tokyo 168-0074, Japan

○はじめに

　心神喪失等の状態で重大な他害行為を行った者の医療及び観察等に関する法律（以下「医療観察法」と略）が平成17年7月15日より実際に施行開始されたことから，精神科医療の現場に加えて，それを取り巻く状況にはさまざまな変化が生じている。それらの変化のうち，医療観察法が抱える課題として取り組まれなければならないものは多いが，一方で精神科医療の新たな胎動として捉えられるものも少なくない。

　課題として最も大きいものは，本法の成立前にはあまり予測されなかったことであるが，対象者の申立て数が増加しているにもかかわらず肝心の指定入院医療機関の設置が進まないことにあり，現状は絶対数の不足に加えて，都道府県立での設置が進まず，ために国立に偏りすぎてしまい，指定入院医療が地域に密着した体制で実施できないでいるという事態が生じている。この原因となる背景は複雑であり，都道府県立病院の置かれた現状を分析しきれなかった国の当初の甘い予測の問題もあるが，国と都道府県自治体の相互関係の行き詰まりという，筆者のような一医療者には予想もされなかった事態が，実はわが国の行政に根深く存在していたということである。国と地方自治体が協力してやらねばできない社会の根幹に関わるような法律の実行が，このため円滑にいかないといった事態はやはり憂いべき事態であると言わねばならない。医療観察法は厚生労働省，法務省，裁判所，自治体行政が一定の緊張関係を保ちつつも一体となって取り組んで初めて円滑な実施が可能となる法律であり，国と地方自治体が協力関係を組めず，そのため指定入院医療機関が設置できないでいるということは，この国にとって極めて不幸な状況といえよう。そのような意味では，医療観察法の行方の如何は，わが国の今後のあり方を占う試金石になるものと考える。

　ただしその一方，新たな胎動として，医療関係者と法曹関係者との相互交流が具体的現実的に始まり，相互の理解が深まると同時に，行政も含めて精神科

医療の抱えている役割の重要性と問題の深刻さが理解され，これまでであれば放置されていたような問題が共有化されつつあるのは，実に大きな変化であり評価できる点であると考える。また，司法精神医療に関わる関係者のネットワークが全国レベルで広くできあがってきているのも心強い。

　このような中で，我々医療関係者が果たさねばならない役割は多々あるが，とりわけ重要なのは，34万床という精神科医療の負の遺産を作りだして止むことのなかった精神保健福祉法の徹底的な再検証にあると筆者は考える。本書はそのような意味で，まず前半部では精神保健福祉法の通報制度の仕組みと問題点について述べる。これは，精神保健福祉法の司法精神医学的検証と言えるものであり，この作業を通じて，医療観察法の必要性とその目指すべき方向性は自ずと明らかになろう。

　さて医療観察法の成立以前にあっては，精神保健福祉法の措置入院制度の下，重大な他害行為を行った触法精神障害者は一般の精神科病院で治療が行われてきたが，現場の必死の努力にもかかわらず，ある者は処遇困難者として，ある者は治療困難者として他害行為と再入院を繰り返す場合が跡を絶たなかった。現状はいまなお，このような患者を各一般精神科病院は抱えているが，医療観察法が始まった現在，精神保健福祉法と医療観察法を一連の流れとしてシステム的に捉え，一般精神科医療の底上げを図りつつ，このような患者の治療についても，我々精神医療関係者は積極的に取り組んでいく必要がある。そこで本書の後半部では，実際に一般精神科病院に入院中の触法精神障害者を事例として取り上げ，もし医療観察法の下で対応していたならば，どのような経過と治療をすることになったかをシミュレーションし，提示した。

　医療観察法自体はすでに始まっていることから，改めてシミュレーションした事例を提示することにどれほどの意義があるかという疑問はあるが，医療観察法の医療内容についてはまだまだ一般の精神医療関係者に浸透しているとは言いがたく，現状は従来の精神保健福祉法下の医療体制からの脱却が図れずに生みの苦しみにあるといえよう。そこで本書を通して，原理原則としての医療観察法医療の内容を多くの関係者に理解していただき，合わせて一般精神科医療と医療観察法医療との住み分けや相互性のあり方を議論していくことは，医

療観察法の特殊化を防ぎ，今後の新たな精神医療体制を構築していく上で意義あるものと考える．医療観察法医療の高度専門性とその意義が理解され，そのことが一般精神科医療の質的向上へと繋がり，日本の精神医療改革がこれを機会に本物となっていくことを筆者としては強く期待するものである．

　なお本書の内容は，厚生労働科学研究研究費補助金，こころの健康科学研究事業，触法行為を行った精神障害者の精神医学的評価，治療等に関する基礎的研究（主任研究者：松下正明）のうち，分担研究（分担研究者：武井満）：「触法精神障害者の治療プログラムに関する研究」の研究成果をもとに作成されたものである．総論部分を除き本書は事例が中心として書かれていることから，臨床上，有益な情報の提供を心がけつつもできるだけ個人が特定されぬようプライバシー等には最大限の配慮を行い，事実関係も細部にわたって改変してあることをあらかじめおことわりしておく．日本の精神科医療が人間の尊厳を尊重して人権を守った適切な医療を提供し，なおかつ社会の安心・安全にも寄与できるようになるために，意を注いだことをおくみいただければ幸いである．

　2008年4月

武井　満

●目　次

はじめに　iii

第Ⅰ章　精神保健福祉法における医療の問題点と医療観察法成立の意義 …… 1

1　「他害行為」と「刑罰法令に触れる行為」について ……………… 1
2　精神保健福祉法通報制度の仕組みとその問題点 ……………… 2
　（1）精神保健福祉法24条：警察官通報について ……………… 2
　（2）精神保健福祉法25条：検察官通報について ……………… 3
　（3）精神保健福祉法26条：矯正施設長の通報について ……… 4
3　医療観察法成立の意義 ………………………………………… 5

第Ⅱ章　医療観察法における医療の基本的考え方 …………………… 7

1　前提条件の確認 ………………………………………………… 7
2　司法精神医療における役割分担と責任範囲の考え方 ………… 8
3　指定通院医療のあり方とその問題点 ………………………… 10
4　医療観察法下の医療の目標と理念 …………………………… 10
5　医療観察法下の病棟の運営方針 ……………………………… 12
6　多職種チーム医療 ……………………………………………… 13

第Ⅲ章　指定入院医療機関における治療 …………………………… 21

1　他害行為の背景分析と治療の考え方 ………………………… 21
2　一般精神医療の見直し ………………………………………… 22
　（1）3段階のステージ分類 ……………………………………… 22
　　　a　急性期　26
　　　b　回復期　27
　　　c　社会復帰期　27

(2)「6つの保障」について ……………………………………28
　　(3) 各種治療プログラムの開発・実施について ………………29
3　医療観察法下における医療の特徴 ……………………………………30
　　(1) 治療の標準化…………………………………………………30
　　(2) 治療の枠組み構築とシステム化 ……………………………30
　　(3) 客観性，透明性，説明責任の確保 …………………………31
4　評価と治療 ………………………………………………………………31
　　(1) 評価について…………………………………………………31
　　　　a　5軸評価と初期基本評価　　31
　　　　b　共通評価項目と5軸評価について　　35
5　強制治療実施の考え方 ……………………………………………………35
6　薬物療法について ………………………………………………………36
7　外出・外泊について ……………………………………………………38
8　退院時における対象者の遵守事項 ……………………………………39
9　社会復帰調整官の役割 …………………………………………………40
10　医療観察法における処遇終了時の状態像 …………………………41
　　(1) 居住様式………………………………………………………42
　　(2) 精神症状………………………………………………………42
　　(3) 遵法性…………………………………………………………42
　　(4) 治療コンプライアンス ………………………………………43
　　(5) 依存性…………………………………………………………43
　　(6) 人間関係………………………………………………………43
　　(7) 生　活…………………………………………………………43

第Ⅳ章　医療観察法下での医療をシミュレーションした事例の紹介　45

事例 ① …………………………………………………………………………47
　1　急性期……………………………………………………………………49
　2　回復期……………………………………………………………………52

3	社会復帰期 …………………………………………………55
4	地域での処遇 ………………………………………………58
5	共通評価項目 ………………………………………………60
6	まとめ ………………………………………………………61

事例 ②　…………………………………………………………62

1	検察庁の依頼による責任能力の精神鑑定（起訴前本鑑定）期 ……64
2	起訴保留での措置入院期間（審判における医療必要性の鑑定入院期）66
3	急性期 ………………………………………………………68
4	回復期 ………………………………………………………70
5	社会復帰期 …………………………………………………72
6	地域での処遇 ………………………………………………74
7	共通評価項目 ………………………………………………76
8	まとめ ………………………………………………………76

事例 ③　…………………………………………………………78

1	急性期 ………………………………………………………80
2	回復期 ………………………………………………………84
3	社会復帰期 …………………………………………………88
4	地域での処遇 ………………………………………………90
5	共通評価項目 ………………………………………………92
6	まとめ ………………………………………………………93

事例 ④　…………………………………………………………94

1	急性期 ………………………………………………………97
2	回復期 ………………………………………………………101
3	社会復帰期 …………………………………………………103
4	地域での処遇 ………………………………………………106
5	共通評価項目 ………………………………………………108
6	まとめと考察 ………………………………………………109

事例 5		………………………………………………………… 111
	1 急性期［前期］（「鑑定入院」期）	……………………………… 116
	2 急性期［後期］及び回復期	………………………………… 123
	3 入院後経過（社会復帰期）	…………………………………… 129
	4 共通評価項目	……………………………………………………… 135
	5 まとめ	………………………………………………………………… 136

引用文献・参考文献　138
共通評価項目の解説とアンカーポイント（第 1 次案）　141
あとがき　157
索引　158

第 I 章
精神保健福祉法における医療の問題点と医療観察法成立の意義

　医療観察法における医療について述べるにあたり，医療観察法成立以前の精神保健福祉法下において，重大な他害行為を行った者がどのようなシステムで医療を受けていたかを理解しておくことは，医療観察法における医療の意味を理解する上で，さらには後述するシミュレーション事例の内容を理解する上でも重要と考えられたことから，以下に精神保健福祉法下の医療として，特に精神保健福祉法通報制度の仕組みの問題点と医療観察法の成立意義について簡単に述べる。

1　「他害行為」と「刑罰法令に触れる行為」について

　一般に物を壊したり，火をつけたり，他人に怪我を負わせたりなどの行為は「違法行為」「迷惑行為」「犯罪的行為」「他害行為」などと呼ばれているが，法律的には「刑罰法令に触れる行為」と呼ばれるのが正しい。ある者が「刑罰法令に触れる行為」を行った場合，それが犯罪とされるには刑法で以下の要素が満たされていなければならないと明確に定義されている。すなわち「構成要件該当性」「違法性」「有責性」の3点である。したがって，例えば「有責性」がない，すなわち責任能力がないと判断されれば，その者が行った「刑罰法令に触れる行為」は犯罪とはされない。当然，この犯罪成立の3要素は，最終的には裁判によって決着されるものであるが，ただしわが国では検察官起訴独占主義，起訴便宜主義をとっていることから，検察官も事実上は，その権限をもっている。

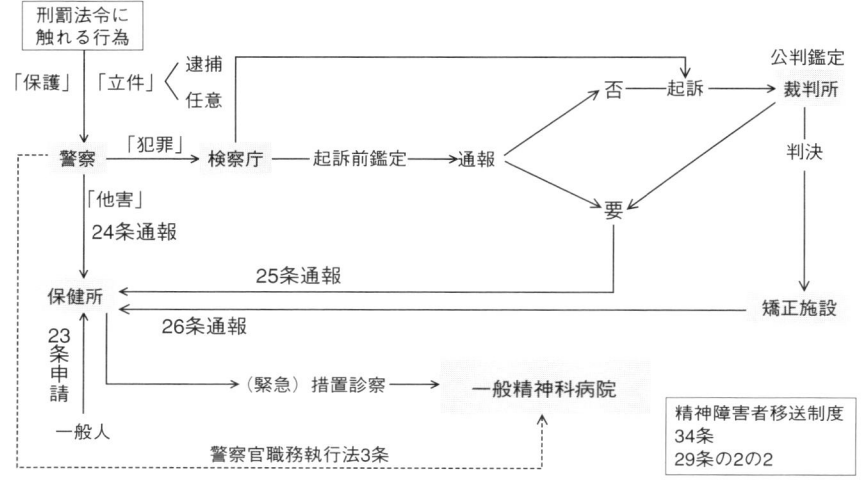

図1 精神保健福祉法通報制度の仕組みとその問題点

　一方「他害行為」については刑法ではまったく触れられておらず，精神保健福祉法（28条の2）において，他害とは精神障害の状態で行った「刑罰法令に触れる行為」と定義されている。したがって他害行為はそれを行った行為者に有責性があると判断されれば（精神障害の状態で行った行為だからすべて有責性はないなどということは，当然ありえない），その行為は犯罪となり，その者は犯罪者となる。刑罰法令に触れる行為と他害行為の関係，他害行為と犯罪との関係は以上のようなことになるが，次に「他害の虞」の名のもと（事実上は他害の事実がすでにあり，なおかつ他害の虞があるという意味），刑罰法令に触れる行為を行った者がこれまで精神保健福祉法においてどのように処遇されてきたかを示す（図1）。

2　精神保健福祉法通報制度の仕組みとその問題点[6,8]

（1）精神保健福祉法24条：警察官通報について

　「刑罰法令に触れる行為」を行った者に対して，警察がとる対応は基本的

には「立件」か「保護」の2通りしかない。まず「立件」の場合であるが、ここでは話を簡略化するために逮捕立件する場合をあげるが、立件するには確かな証拠を集めなければならない。検察庁に送致されれば、検察官の調べがあり、裁判になれば弁護士も付くことになる。したがって逮捕立件して起訴するというのは、現実的にはなかなか容易なことではなく、行為の内容・程度・そのときの状況にもよるが、立件か保護かの明確な線引きがなければ、現場の対応としてはどうしても保護が多くなる。

そこで「保護」した場合であるが、警察は基本的に受け皿機関ではないことから（警察官職務執行法では保護房には身柄を24時間以上置いておくことはできないとされている）、何らかの形で保護した身柄の処遇を考えなければならない。引き取り手があれば話は簡単であるが、そのような場合ばかりではないことは容易に想像されよう。そのような場合、多くの保護事例には、訳のわからないことを言っている、興奮が激しくて手に負えない、精神科の治療歴があるなどの理由が見出せることから、現場の警察官の判断により「他害の虞あり（前述したように実際にはすでに他害の事実があり、さらに放置すると他害の虞があるという意味）」として保健所に通報され、都道府県知事の命令により精神科病院へ強制入院させることで身柄の処遇を行ってきた。これが精神保健福祉法24条の警察官通報であり、警察官通報に基づく強制処遇は、昼間だけでなく当然夜間休日においても行われている。精神科救急、特に3次救急、あるいは行政救急、ハード救急と呼ばれるものは、実はこの警察官の24条通報を指しているのは承知の通りである。

(2) 精神保健福祉法25条：検察官通報について

それでは逮捕立件されて検察庁に送致された場合であるが、被疑者に精神科治療歴があったり、調書の内容や態度から精神障害の存在が疑われると、検察官は精神科医に精神鑑定を依頼することになる。これが起訴前精神鑑定であり、鑑定の結果を受け、精神障害者であり有責性がなく不起訴処分が適当と判断されると、精神保健福祉法の25条に基づき検察官によって保健所に通報がなされ、その被疑者は精神科病院へ強制入院させられることになる。これが25条

の検察官通報であり，一度精神科病院へ入院となると，その後の刑事司法の関与は一切なくなる。

(3) 精神保健福祉法26条：矯正施設長の通報について

このようにして24条と25条でふるいに掛けられた残りの者が起訴されることになるが，裁判で有罪になり矯正施設に入った場合でも，刑期が終了して出所するとき，もし精神障害者であるとされると，ここでも精神保健福祉法の26条に基づき，矯正施設長によって保健所に通報がなされ，その多くはやはり精神科病院へと強制入院させられることになる。これが26条の矯正施設長の通報である。

以上述べてきたように，精神保健福祉法の24条から26条まで，極論すると刑罰法令に触れる行為を行った者の受け皿は「精神科病院」か「矯正施設」しかなく，医療観察法施行以前にあっては，精神障害者とされると最終的にはすべて一般の精神科病院へと集まる仕組みになっていた。それではその一般精神科病院はどのようなところかというと，公立病院といえども，低医療費の少ないマンパワーで，かつ，患者サービスで治療を行っている病院である。

これが「刑罰法令に触れる行為」を行った者に対するわが国のこれまでの処遇システムであった。基本的にはこのような仕組みにあって，本来の精神障害者から生活困窮者，さらには単なる犯罪者までが，きちんとした法的手続きを踏むこともなく，現場主義的に処遇されて強制入院となっていた。その結果，収容機能としての精神科病床数は増加の一途をたどり，現在の34万床でかつ長期入院という世界に類を見ない体制ができあがってきたといえる。このような仕組みの限界が露呈されたのが，宇都宮病院事件や大和川病院事件のような精神科病院の不祥事であり，大阪池田小学校事件に代表されるような社会の安全の根幹に関わる事件の頻発である。このような仕組みと法的手続きを無視したその運用は（精神保健福祉法29条の2の2の精神障害者移送制度は，この法的手続きの遵守に関する制度であるが，その実施には膨大なマンパワーが必要とされるため，ほとんどの自治体で実施困難な状況にある），人間の尊厳を破

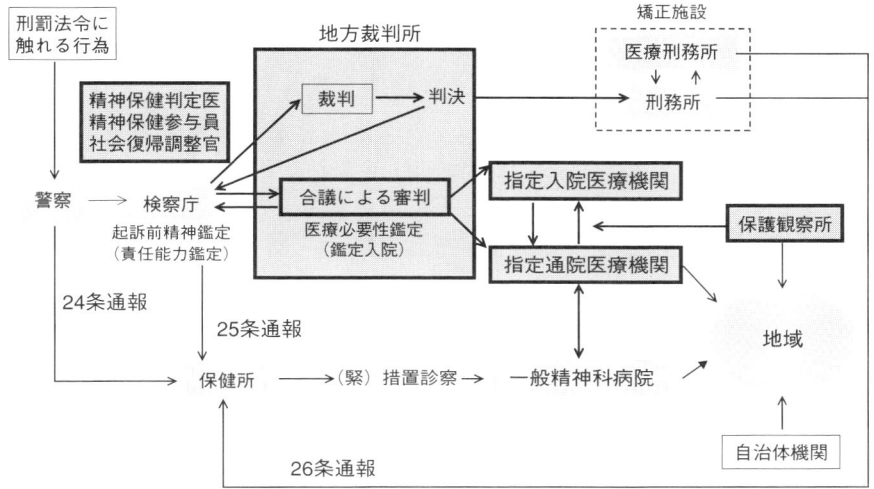

図2 医療観察法と精神保健福祉法通報制度との関係

壊し，精神科病院をあたかも治外法権の場所であるかのごとくし，したがって，このような仕組みのもとでは，精神医療に対する不信と精神障害者に対する偏見は当然のことながら改善のされようもないということになる。

3 医療観察法成立の意義[8,9]

「医療観察法」はこれまでのこのような仕組みの欠陥を踏まえ，少なくとも殺人，放火，強盗，強姦，傷害致死，傷害などの重大な他害行為を行った精神障害者の処遇に関しては，図2の太い黒枠で示すように，入院治療の受け皿として新たに潤沢なマンパワーを有した指定入院医療機関を設置し，さらに指定通院医療機関を指定して，併せて裁判所と法務行政の責任を明らかにしたものであり，これでようやくわが国で初めて，重大な他害行為を行った者の処遇に関する責任体制と十分な医療スタッフが付いた真っ当な精神医療のできる病棟とができたことになる（図2）。

医療観察法では入退院の適否は裁判官と精神科医（精神保健判定医）の合議による審判で判断され，裁判官に新たな責任が生じるだけでなく，退院後は最長5年間，法務省保護観察所の社会復帰調整官が対象者の治療の継続に関与することになる。これまでは重大な他害行為を起こした精神障害者は，不起訴処分になると治療の可能性やリスクの評価などはされることなく，いきなり一般精神科病院に入院となって放置されるか，矯正施設に入れられた場合は十分な医療が受けられないままに出所となるかのどちらかであったが，その現状を考えれば，これは大進歩といえよう。

　ただし，図1，2でわかるように，医療観察法施行後も精神保健福祉法の通報制度そのものは従来の通りであることから，重大な他害行為を行った者を警察が検察庁に送致しなければ，医療観察法には乗らないことになる。前述したように，24条の警察官通報による精神科3次救急の現場は法的手続きが遵守されず不透明でブラックボックス化した状況に少なからずあり，今後は行政責任のもと措置権限を有した精神科情報センターを設置し，現場的にも精神保健福祉法29条の2の2の移送制度を整備するなどにより医療観察法を意識したきちんとした対応が求められる。

　また矯正施設内にあっても多数の精神障害者が収容されているのは周知の事実であるが，これらの受刑者が必要に応じて，指定入院医療機関並の医療を受けられるよう，法改正も含めた体制整備も必要となる。現在，26条の矯正施設長の通報が増加する中で，一般精神科病院はその対応の困難さに苦慮しており，このような問題の解決のためには，今後はどうしても矯正施設内での処遇の在り方が課題とされる必要がある。

第Ⅱ章

医療観察法における医療の基本的考え方

　第Ⅰ章で，これまでのわが国の他害行為者に対する処遇システムの現状を述べたが，このようなシステムにあっては，個々の精神科病院がいかに努力しようとも，全体としてみれば収容所の域を出ることは困難であり，またそこで行われる医療も自ずと限界があることが理解されよう。医療観察法における医療は，このようなこれまでのわが国の精神医療の貧困性，不透明性，人権への配慮のなさを踏まえ，安全で信頼に足る，人権を守った医療となるべく組み立てられている[10]。

1　前提条件の確認

　医療観察法下における具体的医療内容がどのようなものになるかは，前提となる条件の如何によって左右されることから，以下にまず前提条件を整理して示す。

① 重大な他害行為を行った精神障害者を対象とする
② 入退院と処遇の終了に関しては，申立てに基づいて裁判官と精神保健審判員が合議により決定する
③ 対象者の申立てに始まり入退院の決定と処遇の終了に至るまで，社会復帰調整官の関与がある
④ 治療のための潤沢な人的資源が確保されている
⑤ 治療により社会復帰させることを目的とする

⑥ 多職種チームにより，評価に基づいた治療計画が立てられ治療が実施される
⑦ 隔離，拘束は必要最小限とし，懲罰・刑罰は行わない
⑧ 薬物療法，修正型ECT（electroconvulsive therapy）の実施に関しては標準化のもとでガイドラインに基づき慎重に行う
⑨ 可能な限り説明と同意に基づいた治療を行い，強制的治療に関しては，客観性と透明性を確保し，説明責任を担保する
⑩ 事故を起こさぬように安全に配慮して治療を実施する。安易な判断による事故の発生は許されない
⑪ 外出，外泊実施の決定の最終責任は指定入院医療機関の管理者にある。

　以上，医療観察法下で行われる医療の前提条件を挙げた。①，②，③については医療観察法下の医療に特有な前提条件となる。特に②と③については，これまで重大な他害行為を行った精神障害者の処遇は都道府県知事の責任のもと，実質的に医療が全面的に負っていたが，医療，司法，行政に責任が分化したことを意味する。⑤，⑦，⑧，⑨，⑩については，一般精神医療においても当然守られなければならない前提条件であり，⑥についても本来ならば一般精神医療においても重要となる事柄であるが，実際にはマンパワー不足や低い診療報酬費で治療を行わざるをえないため，現状ではこれら⑤から⑩までの事柄は重要視はされていても，いずれも実現困難か徹底困難になっていた。そう考えると，医療観察法における医療とは，これまでの一般精神医療ではマンパワー不足と低医療費のために徹底できなかった内容が，④に示すように潤沢なマンパワーと経済的裏づけがなされ，さらに②，③で示したように責任体制が明確化されることにより初めて実現可能になった医療ということができる。

2　司法精神医療における役割分担と責任範囲の考え方

　医療観察法下における医療とは，すなわち司法精神医療そのものを指すが，司法精神医療においては，司法，医療，行政の三者，特に司法と医療がそれぞ

第Ⅱ章 医療観察法における医療の基本的考え方 9

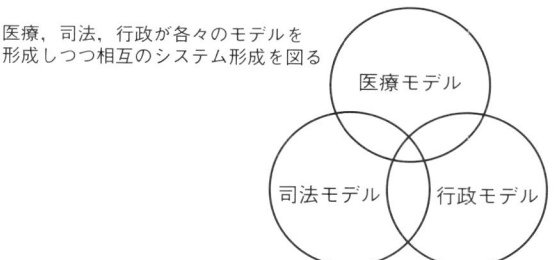

＊司法精神医療には，医療モデルそのものの中味と他のモデルとの
 関係性構築という2つの課題がある。
図3 医療観察法に基づく医療

れの立場からその役割分担と責任範囲を明確にし，システムとして対象者に関わっていくことが重要となる。これまでの日本の精神医療は，重大な他害行為を行った精神障害者の受け入れを行っているにもかかわらず，医療と司法の役割分担が明確にされないままに，司法が手を引く形で，医療は治療の責任と社会の安全の責任，さらには人権確保の責任までを負わされてきた。そのため医療は，二重三重の判断基準で治療を行わざるをえなくなり，行政の責任ある関与もない中で，現実の社会復帰は進まないという状況が生み出されてきた。

　司法精神医療にあっては，医療は対象者の精神状態について医学的判断を行い，司法は医療の専門家である精神保健審判員と精神保健参与員の参加を得て，対象者の生活環境などを考慮しつつ，その判断をチェックし，対象者の医療の必要性を決定する。また，地域社会における受け入れ態勢の整備については行政がこれを行うものである。医療観察法下における医療にあっても，このことを明確にして治療にあたらなければ，現行の一般精神医療のように責任の所在が曖昧となり，ともすれば過剰に医療への負担が増加し，負えきれない責任を負わされることで結果的に社会復帰も進まないという状況が起こりうることになる。そのような意味で医療観察法下における医療とは，医療モデルと司法モデルと行政モデルのそれぞれが，それぞれの立場からその役割と責任範囲を堅持し，相互に関係性を構築して目標達成のためにシステム的に行われるべき医療といえる（図3）。

3 指定通院医療のあり方とその問題点

　対象者の治療を一貫した流れで考えた場合，入院治療だけでなく，通院治療がそれに劣らず重要であることがわかる。危機介入時の体制，危機介入時における精神保健福祉法による入院と医療観察法による入院の住み分け，対象者専門の地域ネットワークの形成，専門社会復帰施設の必要性，住宅等とその保証人の確保，就労支援体制など，検討されなければならない事項は多岐にわたる。その場合，社会復帰調整官の果たす役割，すなわち法務行政の果たす役割は特に重要となる。

　精神保健観察がその目的を達成するためには，少なくとも重大な他害行為を行った精神障害者に対する治療実績の積み重ねがあり，訪問看護その他の医療資源が十分に準備されている医療機関が指定通院医療機関として指定されることが望ましく，またそのためのマンパワーの確保は最優先事項となる。しかしマンパワーの確保については先に予測した通り困難な状況にあり，指定入院治療に比べて，指定通院治療の脆弱さは否めない。前述したように司法精神医療では，司法，医療，行政のそれぞれがそれぞれの責任を果たすのが重要であり，責任はまた費用負担と表裏一体の関係にあることから，その意味でも指定通院医療における責任のあり方は，次の法改正に向けて継続的に検討されていく必要がある。医療観察法がすでに施行された現在，社会復帰調整官の役割の重要性がますます明らかになってきたところであり，今後は増員も含めて，その責任と権限のありようが課題となる。

4 医療観察法下の医療の目標と理念

　司法精神医療として，スタッフや関係機関がそれぞれの役割と責任範囲を明確にして，対象者の治療を行っていくためには，その土台として目標と理念が共有化されている必要がある。医療観察法の第1条では，この法律の目的として「対象者に対し継続的かつ適切な医療並びにその確保のために必要な観察及び指導を行うことによって，その症状の改善及びこれに伴う同様行為の再発の

防止を図り，もってその社会復帰を促進する」ということが挙げられている。すなわち症状の改善により他害行為の再発の防止を図り，そのことをもって社会復帰を進めるということが目標であり，その実現はあくまでも適切な医療並びにその確保に必要な観察及び指導を行うことによって実現されるものでなければならない，ということを述べている。これまでの一般精神医療の目標は，その意味では曖昧であり，現状は他害行為の再発に対する責任体制が不明確であることから，不十分な治療と曖昧な判断で社会復帰させ同様行為の再発を許してしまったり，逆に病院への長期収容という人権を軽視した形で対応していたが，このような安易なやり方は医療観察法下の医療にあっては許されない。

　対象者が社会復帰し社会生活を継続的に送るためには，同様行為の再発予防は最も重要な要点であり，具体的にそれを実現していくためには，症状の改善に加えて，対象者に全人的に働きかけ，創意と工夫をもってその日常生活能力と社会生活能力を最大限にまで高めていく必要がある。このような目標達成のための治療の徹底性は，本来は一般精神医療にあっても求められるところであるが，医療観察法下の医療において初めて明確に意識化され実行されることになる。

　次にこのような目標が客観性と透明性をもって確実に達成されていくためには，医療を実施するにあたっての理念が確認されている必要があることから，以下に挙げる。

① 人間の尊厳を尊重し人権に配慮した医療
② 対象者のプライバシーを保護し，客観性と透明性を重視した医療
③ 社会復帰と社会参加を目指した医療
④ 懲罰や刑罰を手段や目的としない医療
⑤ 多職種チームによる客観性と一貫性を維持した医療
⑥ 住民の安全，職員の安全，家族の安全，対象者の安全を守って行う医療
⑦ 丁重な説明と同意取得への努力に基づく医療
⑧ 司法，医療，行政それぞれの役割分担と責任範囲を明確にした医療

5　医療観察法下の病棟の運営方針

同様に英国のMSU（中等度保安ユニット）の資料を参照として，前記の理念に基づき医療観察法の新病棟についての運営方針を挙げる。

① すべての対象者及び職員に対し，安全で信頼できる治療環境を提供する
② すべての対象者に対し，多職種チーム医療による最良の治療とケアを提供する
③ すべての対象者が自らの責任と自尊心を最大限維持できるように支援する
④ すべての対象者が日常生活能力と社会生活能力を回復し地域社会に戻れるように，治療とリハビリテーションを進める
⑤ すべての対象者の人権を尊重し懲罰的な処遇を排除し，プライバシーを保障する
⑥ すべて対象者に対し十分な説明を行い，対象者の同意を得られるように努める
⑦ 職員の自律的判断を尊重するとともに，職員の権限と責任を明確にする
⑧ すべての対象者の社会復帰を進めると同時に地域及び関連機関との調整を行い，地域と社会の連携を保つ
⑨ 臨床教育及び研究を促進し，診療によって得られた実践的，研究的司法精神医療の成果は一般精神医療に早急に還元される

以上，今後とも深化させていくべき必要のある内容ではあるが，このように理念や病棟の運営方針を明らかにし，スタッフ及び関係機関との間で共有化しておくことは，治療のための基本的枠組みを構成する上で必要不可欠であり，医療観察法下での医療が客観性と透明性を確保してシステム的に実施されていくためにも重要となる。

6　多職種チーム医療

　精神科の治療を進めていくためには，大きく分けて次の6つの要素が重要と考える．すなわち正確な診断，薬物療法やECTなどの生物学的療法，精神療法あるいは心理療法，リハビリテーション，福祉，セルフヘルプ（自助活動）の6点であり，筆者はこれらを精神科治療の6つの柱と考えている．治療が過不足なく実施されるためには，少なくともこれら6つの視点からの接近が必要であり，薬物療法や精神療法は当然としても，リハビリテーションや福祉の視点からの具体的で強力な治療的働きかけがなければ，継続的で安定した社会復帰の実現は困難となる．多職種チーム医療が重要になるということは，1つは以上のことに由来すると思われるが，医療観察法における多職種チームとは，このような意味に加えて，良くも悪くも医師が主役であった医療から，積極的に多職種チームが主役になるという，治療のあり方として基本的な転換が行われようとしていることにその意義がある．

　多職種の専門職種としては医師，看護師，精神保健福祉士，作業療法士，臨床心理技術者，薬剤師などになるが，このような多職種チームが自立した活動体として今後本当に評価に耐えられるような機能を果たすことができるのか，医療観察法下の医療が正念場となるが，医療観察法が施行され1年半以上が経過した現在，コメディカルのスタッフ不足を除けば，内容的にはおおむね順調に経過しているといわれている．

　多職種チーム医療では，具体的に対象者に対して各専門職種がそれぞれの立場から評価を行い，それらをもとに多職種チーム全体で治療計画を策定し，その方針に基づいて治療が進められることになるが，各職種間の業務内容の住み分け，責任体制，対象者に見合った治療プログラムの作成など，解決すべき課題は少なくない．また外泊の開始など，重要な事項の決定には多職種チームの合意が原則となる．以上の点を踏まえた上で，多職種チーム医療における専門職種として，各職種が治療の各ステージにおいて，どのような評価と治療目標に基づいて，いかなる内容の業務を遂行するのかを，治療プログラムの概要として概略的に表にして示した（表1，2，3）．

表1　対象者の治療

第1期（急性期）			
	初期基本評価	目標	医師
疾病軸	診断名，発病経過，知的能力 精神症状の種類・程度・経過 病識 身体的状況，心理状態 遺伝的負因，家族歴，生活歴 薬剤治療歴，服薬継続性 職業歴 合同診断面接	尊厳が尊重されていることの自覚 医療観察法の治療の流れの理解 休息と生命維持 心身の疲労からの回復 睡眠リズムの調整 基本的生活リズムの回復 急性精神症状の軽減 身体的問題点の確認 心理的問題点の確認 言語的交流の確保 治療関係の準備・導入 治療の必要性の理解 服薬必要性の理解 対人関係改善の準備	対象者の法的背景・権利・ 　義務の説明 医療観察法における治療の 　流れの説明 薬物療法：鎮静的 m-ECTの検討 各種検査 治療の標準化への模索 多職種チーム医療への導入 治療分担・責任範囲の確認 一般精神療法 受容・理解・支持 枠付け
人格軸	人格障害の有無・程度・治療歴 性格傾向，生育歴 生活歴，家族歴，職業歴 対人関係の反応図式 攻撃性，暴力性，衝動性 思考傾向，信念，宗教体験 内省力 体質と気質	複数の人間との関わり 良好な人間関係の気づき 法的権利と義務の理解 司法精神療法への導入 グループワークへの導入 自己コントロール能力水準の把握	限界の設定 司法精神療法の準備 関係性の構築 枠組みの構築
行動軸	過去の暴力行為 違法薬物使用歴，飲酒歴 虐待歴，非行歴 他害行為の内容・犯罪歴 当該行為の状況 行動様式	人格・性格・行動特性の理解と整理 病的行動特性と 人格的行動特性の区別 治療プログラムへの導入 暴力的イメージ解体の準備 病的世界から現実世界への導入	
生活軸	日常生活状況 経済状況，住宅状況 家族状況，対人環境状況 生活技術能力 日常生活能力，金銭管理能力， 対人関係能力，作業能力 就労能力	生活史の把握 日常生活能力の把握 社会生活能力の把握 患者ニーズの把握	
発達軸	知的能力，知的特性 高次脳機能 人格特性（発達上の問題）	病棟生活のセルフケア能力習得 身辺処理能力の獲得 家族・関係者の休息 家族・関係者・治療者の関係性の維持	生理的，生化学的諸検査 画像検査

プログラムの概要（1）

第1期（急性期）			
看護師	臨床心理技術者	精神保健福祉士	作業療法士
病棟生活のオリエンテーション 対象者の権利と義務の説明 睡眠状況の観察，評価 服薬状況，薬物療法の 　効果・観察 全身状態の観察 身体ケア	心理検査 　TEG 　バウムテスト 　風景構成法 　主要な疾患の心理的側面の 　　アセスメント Personality特性 犯罪に関わる行動の理解 基本的評価項目の適切な 　アセスメント	対象患者の多面的理解 対象者のニーズの把握 家族のニーズの把握 対象者の権利と義務の説明 信頼関係の確保	個別，パラレルな作業療法 （シェルター的な環境の提供） 生活体験の把握とその活用 導入の工夫 受動的要素が高く，馴染みが あり，ほとんど新しい技術 や判断を要さない作業 （絵画鑑賞，音楽を聴くなど）
対人関係の観察，援助，評価 コミュニケーションの確保 言語的交流の回復 信頼関係の構築 グループワーク導入	一般精神療法（個人） 　支持的精神療法によって 　　治療の場に対する 　　信頼関係の確立 　人格形成過程に関わる 　　エピソードの獲得 司法精神医療 　治療関係の確立 　（全職種共同） 家族への支持的精神療法	社会復帰調整官との調整 対象者に関する法的問題点 　の調査整理 福祉的問題の整理・共有化 （生活状況・環境実地調査） 情報収集・課題分析 支援関係の形成 人間関係の把握 キーパーソンの獲得 利用可能な地域ネットワークの調査	作業内容・目的の適正判定 個別性，グループ性の適正判定 作業内容と衝動性の誘発性評価 思考のまとまり程度の評価枠 があり，エネルギーの暴発 を誘発しないで，身体エネ ルギーとして発散できる作業 （粘土細工，レザークラフ ト，卓球，キャッチボール， 園芸など）
日常生活の観察，援助，評価 静かで落ち着ける環境整備 栄養状態の改善，排泄調整 清潔保持 不安等の軽減 日常的指導・助言			身体感覚の回復 粗大な身体運動をともなう 　活動や結果として残る作業 　（リズム体操，DMT，園芸， 　簡単な手工芸など） 基本的体力把握 筋力測定
発達特性の把握 家族関係の観察	知能検査 　WAIS 発達過程と人格特性の整理 知的特性の評価 　（コース立方体テストなど 　　の簡単な心理検査） 情緒的特性の評価 　（バウムテストなど） 神経心理学的検査 　（Word Fluency Test　など）		

表2 対象者の治療

第2期（回復期）			
	改善度評価	目標	医師
疾病軸	診断・重症度の見直し 精神症状の回復度 病識 薬剤反応性 服薬継続性 治療継続性	基本的生活リズムの完成 基礎体力の回復 身体感覚の回復 睡眠リズムの安定 意欲・集中力・持続力の回復 急性精神症状の消失 身体的問題の解決 患者治療者関係の確立 尊厳が尊重されていることの自覚 障害との折り合い・受容	薬物療法：穏やかな鎮静 一般精神療法 支持的，指示的 自律性の重視
人格軸	対人関係の改善度 攻撃性・暴力性・衝動性の改善度 遵法精神の獲得 内省力の向上度	対人交流技能の習得 対人関係の改善 信頼感，安心感の実感 自己コントロール能力の回復 衝動性のマネージメント 怒りのマネージメント	
行動軸	行動様式の変化 暴力行為の有無 反社会性の認識と離脱 自己表現力の向上	人格・性格・行動特性の受容 未学習課題の再教育 暴力的イメージの解体 自己イメージの再構成	司法精神療法 直面化 共感性育成 中心イメージの 　ベースチェンジ
生活軸	地域の状況・協力度 社会資源の利用 家族の対社会能力，協力度 社会生活能力・参加能力	病棟生活セルフケアの自立 病棟外生活セルフケアの準備 日常生活を楽しむ 家族調整・環境調整 外出の準備・開始 外泊の準備	
発達軸	発達課題 治療課題		

プログラムの概要（2）

第2期（回復期）			
看護師	臨床心理技術者	精神保健福祉士	作業療法士
睡眠状況の観察，評価 服薬状況，薬物療法の 　効果・観察 心地良い環境の提供 外出への付き添い	支持的個別精神療法から 再構成的精神療法へ	社会復帰調整官との連絡調整	パラレルな作業療法から 次第にさまざまな集団への導入 ゲーム， スポーツ・レクリエーションなど 能動的な創作・表現活動 自分のイメージや気持ちを表現 　したり，気分転換をはかった 　り，趣味を広げ，社会性を高 　める
怒りのコントロール SST 表現療法（個人，集団） コミュニケーション 表現能力の改善 対人関係の改善（観察，評価） レクリエーション 各種グループワーク	認知行動療法，心理教育 （Dr.，NS，PSW，OTと共同） ・怒りのコントロール ・SST（再教育的精神療法） 表現療法 （個人・集団） （絵画・詩歌・サイコドラマなど） （NS，OTと共同） （再構成的精神療法） 心理検査	家族関係調整 経済的問題の調整・保障 生活場所の調整 社会資源の利用の指導 必要情報の提供 社会生活イメージの伝達 就労能力，生活能力の把握 患者の権利の行使の指導	怒りのコントロール SST 表現療法（個人，集団） 経験の共有の体験 チームプレイが必要なもの， 　コミュニケーションが必要なもの 共同作業の楽しみの体験 創作の喜びの体験 自立した行為の喜びの体験
日常生活の観察，援助，評価 生活技術訓練 試験・定期外出実施 金銭の使い方，商店の利用法 社会的マナーの学習・習得 交通手段の利用法の訓練	家族への再構成的精神療法 家族への心理教育 （PSWと共同）…再教育的 　　　　　　　　精神療法 心理検査 ・Personality 　（ロールシャッハテスト・ 　MMPI・SCTなど） ・知的発達のアセスメント 　（WAIS－R， 　Bender Gestalt test　など） ・不安・抑うつ・衝動性の 　アセスメント ・自尊心，自己効力感の 　アセスメント	金銭管理の方法指導 地域ネットワークの形成・ 確保	日常生活技術の訓練 買い物の仕方，調理実習 洗たく，掃除の仕方など日常生活 イメージの形成

表3 対象者の治療

第3期（社会復帰期）			
	退院時評価	目標	医師
疾病軸	診断確定 病識の獲得度 残遺症状の有無・程度 服薬内容の確定 服薬自己管理 治療継続性 再発の可能性	基本的生活リズムの継続 基礎体力の充実 身体感覚の充実・発展 睡眠リズムの安定的継続 意欲・集中力・持続力の継続 精神病症状の再燃なし 身体合併症の管理継続	薬物療法 継続性，持続性 自己管理，デポ剤の使用 一般精神療法 自助と自立
人格軸	攻撃性・暴力性・衝動性の消退 暴力の絶対否定的態度の獲得 薬物再使用の否定 家族の協力 具体的対人関係と仲間の存在 自己洞察	治療継続の必要性の確約 通院・服薬継続性の確保 障害との共存 対人関係の安定と広がり 良好な人間関係の獲得 健康な仲間意識 自己コントロール能力の安定 攻撃性・暴力性・衝動性の改善	社会復帰後の治療の流れの 　説明，権利と義務の説明
行動軸	犯罪仲間の存在 犯罪仲間との距離 触法行為の可能性 危険性の改善度 行動様式 セルフコントロール	自己コントロールの限界確認 人格特性の活用 未学習課題の達成 心身の健康イメージの獲得 社会生活者のイメージ獲得	司法精神療法（自律期） 感情のセルフコントロール 怒りのマネージメント 非暴力的イメージの獲得
生活軸	日常生活能力の改善度 社会生活能力の改善度 家族状況の改善度 社会参加の実現度 利用社会資源の決定	社会生活能力の水準確認 生活技術能力の習得 社会資源利用能力の習得 役割遂行能力の習得 就労能力の獲得	障害の受容度評価
発達軸	社会参加の形態	外泊の開始 社会参加イメージの具体化 社会参加の場の確保 家族・地域の受け入れ体制	一般的社会適応能力の 評価

＊症状の対象化のタイプからみた精神療法の分類
1．非特異的な治療・援助要因による精神療法…好意，希望，信頼，環境の保障など，治療・援助が効果的・促進的に働くための基盤となる一般的な心理的風土
2．支持的精神療法…困っている症状や情緒的問題に対患者の対処力が機能できるように情緒的バランスを回復する営み
3．再教育的精神療法…a）正・負の強化や対人関係を用いて行動の修正・変化を狙う

プログラムの概要（3）

第3期（社会復帰期）			
看護師	臨床心理技術者	精神保健福祉士	作業療法士
服薬自己管理 外泊への付き添い		社会復帰調整官との連絡調整 社会復帰後の法的説明 社会復帰後の権利と義務の説明	基本的機能の回復，生活技能の修得，就労準備，
怒りのコントロール SST 表現療法（個人，集団）	個人精神療法 　再教育的手法の中で 　再発の危険サインの認識 　　と対処行動の確認 触法行為の適切な理解 　（行動教育プログラム） 認知行動療法 　・怒りのコントロール 　・SST 以上は再教育的精神療法	家族・関係者との連絡調整 地域調整，QOLの保障 就労援助，自助活動援助	怒りのコントロール SST 表現療法（個人，集団）
コミュニケーション 表現能力の改善 対人関係の改善（観察，評価） 日常生活の観察，援助，評価 訪問看護の導入	再構成的精神療法 表現療法（個人，集団） 　言語・芸術・運動などを 　媒体にした自己表現 家族療法 （再教育的・再構築的精神療法） 心理検査	生活の場の設定 地域ケアネットワークの確保 社会生活イメージの獲得 家族会への導入 社会生活条件の確立 住宅確保，保証人確保 作業所等の紹介，見学 社会参加の場の模索	日常生活，社会生活に必要な 　基本的能力の確立，安定化 　（調理，買い物，掃除，洗濯， 　　ゴミ出し，交通，銀行利用 　　など） 就労水準の評価 就労のための基本機能の訓練
職業教育訓練のようなプログラムを用意する場合は，専門の講師を非常勤なりで配置する。			
	心理検査 ・社会適応性，対人関係のアセスメント ・言語表現能力のアセスメント	就労システムの紹介，利用法	就労システムの活用

　　　　　　b）環境への再適応．目標を修正させて再適応を促す
　　　　　　c）表層的・意識レベルでの問題点と葛藤の自覚
　4．再構成的精神療法…症状・問題を直接対象化せず，人格・構造・システムの変化を狙って無意識・意味を扱う
　5．その他の精神療法…森田療法，内観療法など
　6．折衷的精神療法
　＊集団精神療法…対人関係（同質の集団や家族など）の体験をもとに障害の変化や克服を図る

第III章

指定入院医療機関における治療

1 他害行為の背景分析と治療の考え方

　医療観察法の対象者となりうるのは重大な他害行為を行った精神障害者であり，わが国ではこれまでこのような患者については一般の精神科病院で受け入れて治療を行ってきた。時にこれらの患者の一部はいわゆる処遇困難患者あるいは治療困難患者として，臨床の現場にあってさまざまな問題を発生させ，その対応について現場のスタッフは多大な労苦を強いられてきた。そこでこれまでの臨床経験に基づいて，まずこれらの他害行為を繰り返す患者の特性について筆者なりに考察した。その結果，これらの患者では，生活史や生育環境の面で，両親の離婚や経済的困窮，劣悪な人的環境といった問題が浮き彫りにされた。また精神病理学的には強迫性や過敏性，執着性といった性格特性や気質の偏りが認められ，加えて自己中心的な価値判断に基づいた一方的正義感や他罰性，あるいは暴力肯定性や遵法性の欠如，さらには性的エネルギーの未分化といった特徴が認められた（図4）。

　攻撃性，暴力性，衝動性の背景にはこのような臨床的事実が観察され，臨床現場の治療としては，不十分ながらもこれまで薬物療法による幻覚妄想の改善や，不幸な生活史に対する人間学的理解と支持的精神療法，リハビリテーションや福祉的支援による日常生活能力や社会生活能力の回復，人間関係の改善などを行ってきた。それらにより治療者との関係性が維持され，暴力行為を抑制させるなどの効果はある程度みられたが，医療観察法下の医療にあっては，攻撃性，暴力性，衝動性の背景となっている因子を多職種チームによってより正

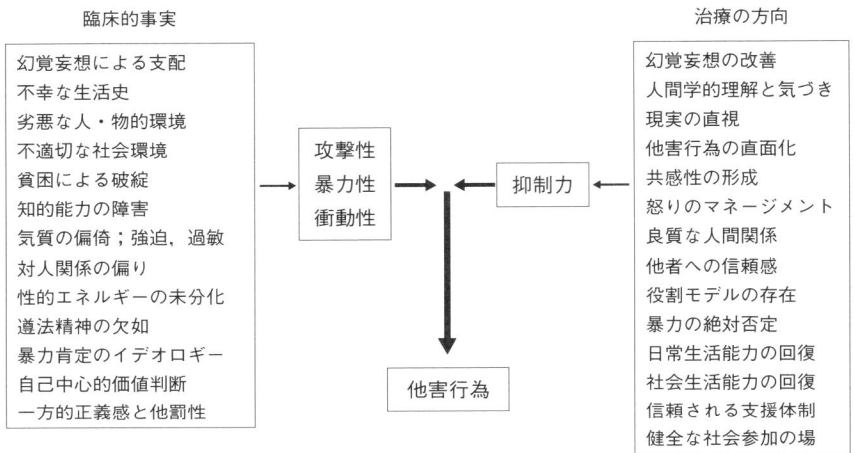

図4　他害行為の背景分析

確に評価し，合わせて抑制する力を強化する方向での治療を，これまで以上に，新たな枠組みと各種の治療プログラムを用意して実施することになる。これらの治療の徹底は，本来ならば潤沢なマンパワーと刑事司法との連携がなければ実施困難であり，今回の医療観察法における医療によって初めてそれが可能になる。

2　一般精神医療の見直し

(1) 3段階のステージ分類

　医療観察法下の治療内容を考えるにあたり，現在わが国で行われている一般精神医療の内容をまず再検討する必要があると考えられた。そこで一般精神医療の見直しの材料として，武井が先に報告し，これまで群馬県立精神医療センターで実践してきた「精神科治療構造論」（以下，「治療構造論」と略）[1,2,3,4,5]を取り上げた。筆者らが重大な他害行為を行った精神障害者の治療プログラムの研究機会を得たのもその存在によると思われるが，「治療構造論」とは現在の視点から見れば，一種のクリティカルパスであり，治療の期間を6カ月と設定

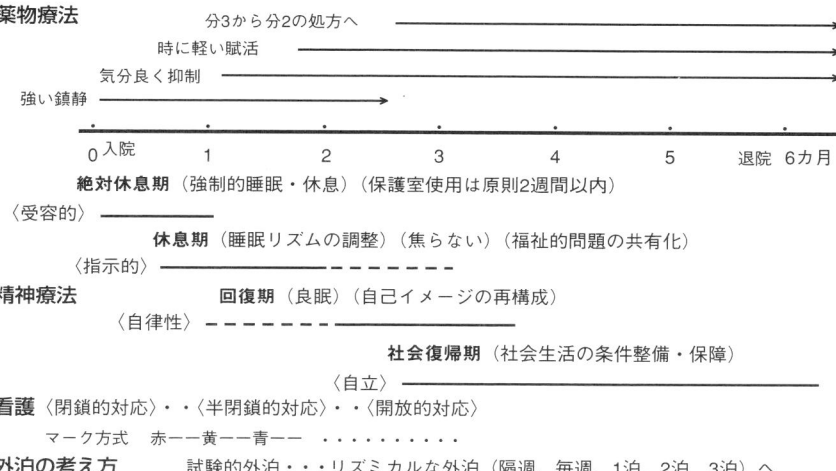

図5 治療構造論の模式図

し，治療のステージを「絶対休息期」「休息期」「回復期」「社会復帰期」の4段階に分類して，それぞれの時期における保護室使用の考え方，薬物療法のあり方，精神療法のあり方，看護のあり方，外出・外泊のやり方，リハビリテーションのあり方，福祉の視点などを示したものである（図5）。

「絶対休息期」とは，急性期における幻覚妄想と精神運動興奮の激しいことによる保護室使用を想定した時期を指すが，医療観察法では，対象者は原則として鑑定入院が終了してから審判結果を経て指定入院医療機関に入院となり，絶対休息期の時期を外れて入院してくることが多いと予測されることから，ステージ分類は絶対休息期と休息期を合わせて急性期とし，4段階でなく「急性期」「回復期」「社会復帰期」の3段階の分類とした。また治療プログラムを作成する基本として，図5で示した考え方を整理し，さらに状態像の要点として「生理的」「睡眠」「自己イメージ」「精神病理」の4項目を挙げ，治療内容の要点として「薬物療法」「一般精神療法」「司法精神療法」「リハビリテーション」「福祉」「管理度と自由度」の6項目を挙げて，それぞれの項目が急性期，回復期，社会復帰期の各時期において，どのように把握され，治療目標や治療内容

表4 対象者の治療プログラム概要の要点

治　　療		第1期（急性期）	第2期（回復期）	第3期（社会復帰期）
状態像の要点	生理的	絶対休息－休息期	休息－回復期	安定期
	睡　眠	リズム調整	リズム性回復・安定	リズム性安定・持続
	自己イメージ	崩壊・混乱の危機	再構成	心身の健康イメージ 社会生活者のイメージ
	精神病理	出会い期	依存期	自律期
治療内容の要点	薬物療法	強力鎮静－鎮静	穏やかな鎮静 服薬の調整，服薬の順守	服薬継続性・持続性 服薬自己管理，デポ剤の使用
	一般精神療法	受容と理解，枠付け 尊厳の尊重 説明と同意	支持的 指示的 自律性重視	自立支援 自助の拡大
	司法精神療法	関係性構築 枠組み構築 暴力的イメージの解体 説明と同意	直面化 共感性育成 中心イメージのベースチェンジ	自己コントロール 怒りのマネージメント 非暴力的イメージの獲得
	リハビリテーション	導入期 評価，動機づけ	リハビリ活動，グループワーク 生活技術の獲得 人間関係作り	地域リハビリテーション導入 アフターケアの立案 社会参加準備
	福　祉	生活状況・環境調査 福祉的問題の共有化	家族・調整 経済保障，住宅保障	地域調整，QOLの保障 就労援助，自助活動導入
	管理度と自由度	全管理 管理者責任	全管理から部分管理へ 自己責任の導入 外出開始	部分管理中心へ 自律性重視と自己責任 リズミカルな外出の実施 外泊開始・リズミカルな外泊実施

はどのようになるかなどを整理して治療の経過の全体像を示した（表4）。

　各ステージの治療内容の概略は以下のようであるが，厚生労働省の入院処遇ガイドラインでは急性期の治療期間はおおむね3カ月，回復期のそれは9カ月，社会復帰期のそれは6カ月と定められており，本論もその期間設定を念頭においている。また各ステージにおける治療の到達目標の概略を「生理」「精神症状」「コンプライアンス」「対人関係」「自己コントロール」「人格」「自己イメージ」「生活」「外出・外泊」「遵法性」の10項目に分けて，表5に示した。

　次に各ステージにおける治療内容について具体的に述べる。

表5 各時期における治療到達目標

	急性期	回復期	社会復帰期
生 理	休息と生命の維持 心身の疲労からの回復 睡眠リズムの調整 基本的生活リズムの回復	基本的生活リズムの完成 基礎体力の回復 身体感覚の回復 睡眠リズムの安定	基本的生活リズムの継続 基礎体力の充実 身体感覚の充実・発展 睡眠リズムの安定的継続
精神症状	急性精神症状の軽減 身体的問題点の確認 心理的問題点の確認 疎通性の確保	急性精神症状の消失 身体的問題の解決 意欲・集中力・持続力の回復 疎通性の回復	精神病症状の再燃なし 身体合併症の管理継続 意欲・集中力・持続力の継続 疎通性の安定
コンプライアンス	治療関係の準備・導入 治療の必要性の理解 服薬効果の判定 服薬必要性の理解	患者治療者関係の確立 治療効果の理解	治療継続の必要性の確約 通院・服薬継続性の確約
対人関係	対人関係改善の準備 良好な人間関係の気づき 複数の人間との関わり	対人交流技能の習得 対人関係の改善 信頼感，安心感の実感	対人関係の安定と広がり 良好な人間関係の獲得 健康な仲間意識
自己コントロール	司法精神療法への導入 グループワークへの導入 自己コントロール能力水準の評価	自己コントロール能力の回復 衝動性のマネージメント 怒りのマネージメント	自己コントロール能力の安定 攻撃性・暴力性・衝動性の改善 自己コントロールの限界確認
人 格	人格・性格・行動特性の理解と整理 病的行動特性と人格的行動特性の区別 治療プログラムへの導入	人格・性格・行動特性の受容 未学習課題の再教育	人格特性の活用 未学習課題の達成
自己イメージ	暴力的イメージ解体の準備 病的世界から現実世界への導入	暴力的イメージの解体 自己イメージの再構成	心身の健康イメージの獲得 社会生活者のイメージ獲得
生 活	病棟生活のセルフケア能力習得 身辺処理能力の獲得 患者ニーズの把握 現実直視の準備	病棟生活セルフケアの自立 日常生活能力の回復 社会生活能力の回復 日常生活を楽しむ体験 障害との折り合い・受容	日常生活能力の安定 生活技術能力の習得 社会資源利用能力の習得 社会生活能力の回復水準確認 障害との共存
外 出 外 泊	家族・関係者の休息・関係性の維持 外出の準備	家族調整・環境調整 外出の開始 外泊の準備	外泊の開始 社会参加イメージの具体化 社会参加の場の確保 家族・地域の受け入れ体制
遵法性	善悪の区別の必要性の理解 社会的マナーの必要性の理解	善悪の判断ができる 迷惑行為はしない	悪いことはしない 迷惑行為はしない

a　急性期

「急性期」にあっては，対象者は精神身体的に十分な休息が必要であり，睡眠リズムの調整を行うとともに，混乱・崩壊の危機にある自己イメージの解体を防ぎ，治療者との出会いの時期として今後の本格的治療に向けて関係性を構築するといった準備状態を作ることが重要となる。したがって治療内容としては，薬物はある程度鎮静的に使用し，精神療法的には受容と人間学的理解が中心となる。リハビリテーションは導入期として，生活能力その他の評価を十分に行うとともに，生活・経済状況などの福祉的課題について対象者と問題の共有化を図り，回復期の本格的治療に向けての動機づけを行う。

医療観察法にあっては，前述したように対象者は最長3ヵ月間に及ぶ鑑定入院がすでに実施されてから指定入院医療機関に入院してくることから，少なくとも簡単な薬物療法などは受けてきているものと想定され，激しい精神運動興奮状態で新病棟での治療が開始されるといった事態は，多くの場合考えにくい。したがって一般精神医療の急性期治療の現場のように，保護室から治療が開始されるということは想定しにくいが，実は当初より，この「鑑定入院中の医療必要性の鑑定のための治療」と「新病棟での急性期の治療」との関係の曖昧さは指摘されていた。このことは医療観察法の制度設計に無理があり，治療の一貫性という現実的な課題に対して応えていないことを意味しているといえよう。また鑑定入院の場所は一般精神病棟で行われることになっていることから，初期の最も重要かつ一番マンパワーが必要な大変な時期に一般精神病棟が使われ，かつ責任能力の鑑定と医療必要性の鑑定と，鑑定が2度にわたって行われることから，精神鑑定に関しては課題が多く，次回の法改正の際には法の不備の解消がぜひとも必要である。

急性期治療の目的は，初期治療も含め回復期に向けての準備状態を作ると同時に，多職種チームによる評価を十分に行い，その後の基本的治療戦略を立てることにあり，その治療戦略に基づいて各時期の治療到達目標が具体化される。急性期の治療到達目標を表5（p.25）に示した。

b　回復期

　「回復期」にあっては，睡眠その他の心身のリズム性は回復し，崩壊の危機にあった自己イメージは再構成に向かって歩み出す。治療スタッフとの関係性が形成されることで，司法精神療法やリハビリテーションなどの本格的な治療が開始される。特に司法精神療法による他害行為に対する直面化や被害者に対する共感性の育成といった大きなテーマが課題となる。当然，対象者の特性に応じてさまざまな場面で治療プログラムに基づいた個人療法，グループ療法などの治療が行われることになるが，順調に治療が進めば暴力的自己イメージから新たな自己イメージへと再構成がなされることになる。リハビリテーションは従来型の作業療法に限らず，退院後の社会生活に必要な生活技術の習得や人間関係の改善などがテーマとなる。経済問題などの福祉的課題についても積極的に問題の整理が行われ，解決のつくところから治療的働きかけが行われる。

　回復期は対象者の特性に応じて治療が本格的に行われる時期であり，節目ごとに評価を行いながら治療の完成度を上げていくことになる。また外出は回復期から開始され，失われかけた社会との接点を回復し，次の社会復帰期の外泊に向けての準備状態を作ることになる。回復期の治療到達目標を表5に挙げた。

c　社会復帰期

　「社会復帰期」には生理的リズム性が安定し，心身の健康イメージや社会生活者としての自己イメージが形成される。治療が順調ならば，暴力的自己イメージは解体し，心身の健康イメージへと中心イメージのベースチェンジが生じる。これまで以上に対象者の自律性が重視されるが，服薬内容も安定継続した状態となり，自己管理も試みられる。行動は暴力性や衝動性に左右されない安定性を獲得し，外泊が試みられることになる。退院に向けて，リハビリテーションは外泊の機会などを活用しできるだけ実際の生活に近いような形で行われることが重要であり，地域の社会資源の活用，具体的社会参加の目標，自助活動への参加などが検討される。治療の仕上げはできるだけ丁寧に行われる必要があり，外泊はそのためにも必要不可欠である。外泊は可能な限り規則正しく，リズミカルに目標をもって行われる必要があり，外泊の成功は社会生活者とし

てのイメージを形成し，通院処遇への流れを容易なものとする。社会復帰期の治療到達目標を表5（p.25）に挙げた。

なお医療観察法下の医療では，対象者が重大な他害行為を行った精神障害者であり，安全性に配慮して医療は行われなければならないことから，院内，院外のいずれにあっても「管理度と自由度」という問題が強調されることになる。しかし，治療的環境と管理的環境とは必ずしも両立しない面があり，そこが新病棟の運営の難しい点でもあるが，考え方としては，当初は全管理状態であったものが，次第に自己責任を導入した部分管理的なものとなり，社会復帰期にあっては通院処遇に向けて，自律性と自己責任を重視した内容にしていくことになる。

(2)「6つの保障」について

次に各ステージに共通した，その医療内容を強化するものとして，「6つの保障」の考え方を示す。言うまでもなく精神障害者は疾病と障害を併せ持った存在であり，医療観察法の対象者にあってもそのことに変わりはないが，このような精神障害者のおかれている状況に対して，「治療構造論」では障害という部分に特に的を絞り，福祉的理念である「保障」という概念を用いて，「経済」「住宅」「就労（社会参加）」「生活技術」「人間関係」「アフターケア」の6つの視点から，社会生活者として生きていけるための条件整備の徹底を図った。これを「6つの保障」と筆者は名づけ，群馬県立精神医療センターでは，これまでその臨床的実践を行ってきた。その結果，一般精神障害者に関しては少なくとも十分な治療効果を挙げうることが確認できた[7]。

ただし重大な他害行為を行った精神障害者に対しては，このような6つの保障の徹底を図りつつ，他害行為の直面化や共感性の育成といった司法医学的な課題に取り組もうとしても，現状の一般精神医療にあっては刑事司法による関与がなくなるために，治療のための有効な枠組みを構築することができず，そのため大変な労力のわりに十分な成果を挙げることが難しいという限界があった。その意味では医療観察法下の医療では，一般精神医療のこれまで抱えていたこれらの欠点がかなりカバーされることになり，司法精神療法の実施と相ま

6つの保障

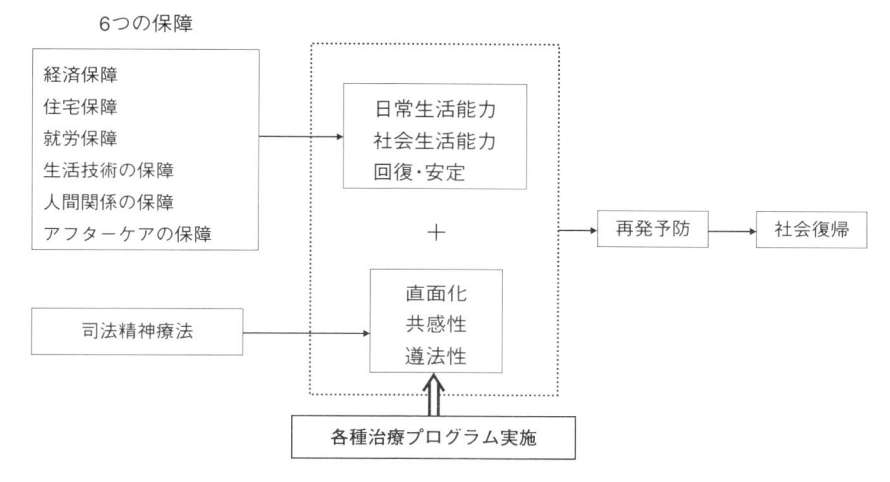

```
経済保障
住宅保障
就労保障        →   日常生活能力
生活技術の保障      社会生活能力
人間関係の保障      回復・安定
アフターケアの保障
                    ＋              → 再発予防 → 社会復帰
司法精神療法     →   直面化
                    共感性
                    遵法性
                     ↑
            各種治療プログラム実施
```

図6　6つの保障と司法精神療法

って6つの保障が実行されることにより，対象者の症状の安定とこれに伴う他害行為の再発予防に関し，より有効性を発揮できるものと考える（図6）。

(3) 各種治療プログラムの開発・実施について

　統合失調症をはじめとする精神障害者の治療には，一般精神医療にあっても本来ならばさまざまな形での治療プログラムに基づいた治療が行われなければならないが，残念ながら前述したような枠組みの欠如やマンパワー不足，また従来の精神医療にはその認識が少なかったことなどがあり，SSTや生活技能訓練，自己対応技法など，いくつかの動きはあったが，これまでは治療プログラムの開発自体が積極的になされてきたと言える状況にはなかった。

　今回，医療観察法の病棟では直面化，怒りのコントロール，共感性の育成といった明確な治療目標のもと，さまざまな治療プログラムの開発・導入が図られ，それが実践されることになる。実際，すでに疾病教育の治療プログラムなどが多職種チームにより本格的に行われつつあり，これまでにない成果が期待されている。今後はさらに評価をきちんと行い治療目標を明確にしていくことで，より水準の高い治療プログラムの開発がなされ実施されていくことになり，

一般精神医療への波及も期待できる（図6）。

3　医療観察法下における医療の特徴[10]

(1) 治療の標準化

　一般精神医療と医療観察法下の医療とでは，表面的には，司法精神療法などの一部を除けば，必ずしも大きな相違があるようにはみえない。確かに，例えば医療観察法下の医療に特別な薬物療法がありうるかといえば，少なくとも現時点で特殊な薬物療法があるわけではない。しかし問題の本質は同じ治療内容を実施するにしても，医療観察法下の医療にあっては，多職種によって対象者の評価を厳密に行い，治療の目標を明らかにして，その目標に見合った客観性と透明性のある治療を各種の治療プログラムなどに基づいて実施し，その結果についても評価をしてその治療行為の妥当性を明らかにするなど，データの蓄積に基づいた「治療の標準化」が徹底して追求されることにある。一般の精神医療では，これまでさまざまな理由によりこの治療の標準化はなされてこなかったが，医療観察法における医療では，治療の標準化が可能な限り追求され客観性と透明性が確保されることが重要視される。そうすると例えば同じ薬物療法を行うにしても，多職種による評価に耐えるべく，薬剤の選択や投与量の決定はより厳密公正になされることが期待されると同時に，客観性のある薬物療法の知見が積み重なることにより，根拠に基づいた医療の一環としての薬物療法が確立していくことになる。

(2) 治療の枠組み構築とシステム化

　これまで他害行為を行った精神障害者の治療に関しては医療側に全責任が負わされ，司法機関などとの連携は事実上なかったことから，いかなる条件で，どのような関係性のもとで治療を行うのかといった「治療の枠組み」が，医師・患者関係というごく限られた一面でしか構築できず，繰り返される反社会的行為に対して有効性を発揮することができなかった。しかし医療観察法下における医療では，対象者に医療以外に司法，行政の各機関が，相互に関係性を

構築しつつ関わることになり，治療の枠組みが重視された中で医療が行われることになる。言い換えれば裁判所，法務省，厚生労働省，自治体行政機関，指定医療機関などのそれぞれの役割分担と責任範囲に基づく相互の関係性が構築された中で医療が行われることになる。従来の一般精神医療ではこのような枠組み構築の徹底ははなはだしく困難であったが，医療観察法下の医療にあっては，比較的容易に実現することが可能である。このようにそれぞれの役割分担と責任範囲を明確にし，相互の関係性を構築してシステム的に行うことが司法精神医療の基本的考え方となる。

(3) 客観性，透明性，説明責任の確保

　これまで述べてきたように，医療観察法における医療にあっては各関係機関相互の責任体制を明確にすることが重要となる。しかし医療観察法自体，さまざまな経過を経て誕生したこともあり，良くも悪くも医療モデルが中心の法体系になっている。このことは裏返せば，医療が責任をとらざるをえない場面が多いということを意味しており，医学的妥当性と客観性，透明性を確保し，説明責任を果たせるようにしておくことが，医療側にとっては今後とも重要な課題となる。具体的には，多職種チームによる評価に基づいた治療，強制的治療内容については，事前事後にかかわらず新病棟倫理会議などの各種会議によって評価を受け，医学的妥当性の検証を欠かさないようにすることなどが肝要となる。

　これまでの一般精神医療では，さまざまな理由からこのような厳しさは求められずにすんできたが，医療観察法下の医療は，その意味では大変厳しいものとなる。しかしそのことによって医療観察法の医療はまさに高度専門の精神医療になるといえよう。

4　評価と治療

(1) 評価について

a　5軸評価と初期基本評価

　前述した治療構造論においてもそうであったが，これまでのわが国の精神医

表6 対象者の評価の要点（特に急性期の評価を「初期基本評価」と称す）

	急性期	回復期	社会復帰期
疾病軸	診断，重症度，知的能力 症状の種類・程度・経過 身体的検査，心理検査 遺伝負因，家族歴，生活歴， 治療歴，薬剤反応性，服薬 順守性 治療継続性 病感・病識の有無・程度 障害の図式	診断の見直し・重症度の見 直し 症状の改善 薬剤反応性 治療への協力性 治療の効果 家族の理解・協力 障害への取り組み 病識の形成	診断確定 全般的改善度 残遺症状の有無・程度 服薬内容の確定 服薬自己管理能力 治療の継続性 再発の可能性 残存する障害
人格軸	人格障害の有無・程度・種類 性格，気質，疾病との関係 成育環境，虐待歴，家族関係 職歴，対人関係歴，対人反応 攻撃性，暴力性，衝動性 遵法性，薬物乱用歴，飲酒歴 行動様式	対人関係の改善度 家族の協力度，治療同意性 地域の受け入れ体制 攻撃性，暴力性，衝動性の 改善度 遵法精神の習得 薬物再使用の可能性 リスクアセスメント	攻撃性，暴力性，衝動性の 消退 暴力の絶対否定的態度の獲得 違法薬物再使用の否定・再 使用時の対応 家族の協力 具体的対人関係と仲間
行動軸	過去の暴力行為 薬物使用歴，飲酒歴 虐待歴，非行歴，触法歴 犯罪歴・犯罪内容 犯行状況，行動様式 疾病との関係	対人関係の処理 反社会的行動 行動化の原理	犯罪仲間の存在 犯罪仲間との距離 患者治療者関係の熟成度 リスクアセスメント 行動の現実性
生活軸	日常生活状況，セルフケア 経済状況，住宅環境・状況 家族状況，対人環境状況 生活技術能力 作業能力 就労能力，金銭管理能力 対人関係能力 社会参加の能力・意志	地域の状況・協力度 利用可能な社会資源 家族の対社会能力 社会参加能力 外出状況	日常生活能力の改善度 社会生活能力の改善度 家族状況の改善度 社会参加の方向性 利用社会資源の決定 外泊状況
発達軸	知的能力，知的特性，高次脳 機能 性格特性	発達課題・治療課題への取 り組み	社会参加の形態

療で一番欠けていたのは評価についての視点である。医療観察法下における医療は根拠に基づいた医療を目指し，評価に基づいて治療計画が立てられ実施される。評価方法についてはすでに開発されているツールをどう活用するかとい

第Ⅲ章　指定入院医療機関における治療　33

```
                    ┌──── 固定項目 ─────────────────────────────────┐
                    │                                              ↓
[状態像評価]─────────┤                                        
    ↑               └── 変化項目 → [治療目標設定] → [治療内容決定] → [治療実施] → [改善度評価]
    │                                                                              │
    └──────────────────────────────────────────────────────────────────────────────┘
```

* 「状態像評価」「治療目標設定」「治療内容決定」「改善度評価」の一連の行為を評価行為という
* 「状態像評価」には固定項目と変化項目がある。固定項目と「改善度評価」を合わせたのが次の「状態像評価」になる
* 治療とは評価行為と治療実施からなる概念である

図7　評価と評価行為，治療の関係

った問題も含めて検討される必要があるが，ここでは厚生労働科学研究の研究成果を活用して，対象者を「疾病軸」「人格軸」「行動軸」「生活軸」「発達軸」の5軸に分けて評価項目を整理した（表6）。

「疾病軸」と「人格軸」の2軸については，DSMでも用いられているが，今回の場合，過去の触法歴も含めた行動特性が特に重要となることから，3軸目として「行動軸」を加えた。また触法行為の背景や実際の治療を考える上で生活背景や生活能力の評価は重要な要点になることから，4軸目として「生活軸」を加えた。5軸目の「発達軸」については，前4軸とはやや趣を異にするが，高次脳機能障害や発達障害などに代表されるように，知的特性や認知機能，発達過程などの視点からも対象者をもれなく評価する必要があると考えられたことから加えられた。これらの5軸がそれぞれ病理的にどのような水準にあるか，その相互関係はどのようになっているかなどが評価されれば，対象者の全体像が把握され，その特性に関しいくかのパターン化が可能になると同時に，その後の治療戦略が立てやすくなるものと考える。

以上は一種の状態像評価といえるが，治療との関係で評価をみると，評価にはさらに改善度評価があり，評価項目にも治療によって変化する項目とそうでない項目とがある。そこで評価概念を治療との関係で着目すると，以下のように整理される（図7）。すなわち，状態像評価項目には変化しうる項目（可変項

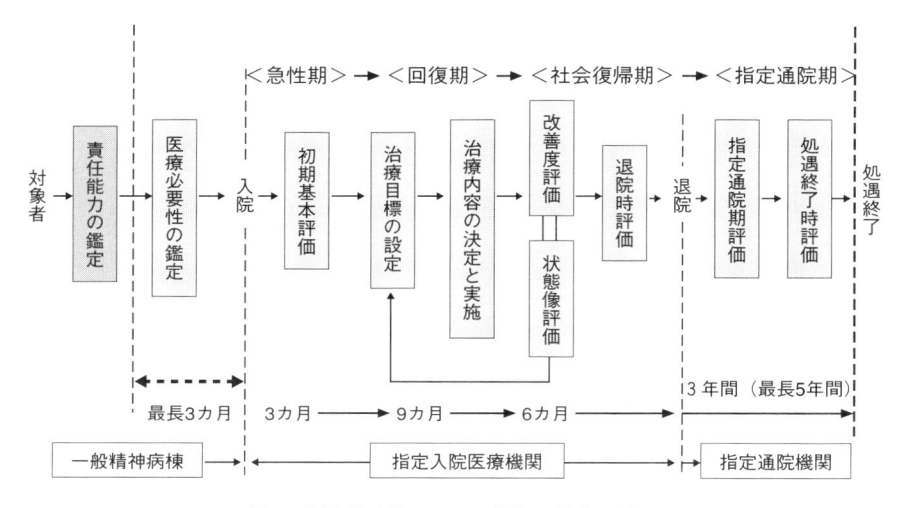

図8 医療観察法における評価と治療の流れ

目）と変化しえない項目（固定項目）があり，可変項目に対して治療目標が設定され，目標に応じて治療内容が決定され，治療が実施される。治療実施を受けて改善度評価がなされることになるが，固定項目と改善度評価をまとめたものが，すなわち次の状態像評価になる。このように評価という概念の連続性と多義性を考慮すると，「状態像評価」「治療目標設定」「治療内容決定」「改善度評価」の一連の行為を「評価行為」と呼ぶことができる。このように考えると，治療とは評価行為と治療実施からなる概念であり，前述した5軸による評価は評価行為として「状態像評価」「治療目標設定」「治療内容決定」「改善度評価」の一連の内容を含むものとなり，評価をするということはいかに治療と密接に結びついており，また結びついたものでなければならず，したがってそれはまた治療プログラムの開発・実施にもつながるものであることが理解される。

　急性期は当面の初期治療を行うと同時に，対象者のその後の治療計画を立てるために基本となる評価を確実に行わなければならない。そこで急性期における5軸評価を特に「初期基本評価」（厚生労働省のガイドラインでは「初期評価」）と呼ぶことにする。責任能力の鑑定と審判における医療必要性の鑑定に

よって，入院時すでにある程度の評価はなされてきていることになるが，急性期の治療目標の1つはこの初期基本評価の完成にあり，初期基本評価はその後の治療の展開によって対象者の全体像を表す「基本評価」として，回復期，社会復帰期とその完成度が高められていくことになる（図8）。実際の治療はこれら5軸の基本評価を踏まえた上で，各時期における治療到達目標（p.25, 表5）の達成を目指して行われることになる。

b 共通評価項目と5軸評価について

以上の5軸の基本評価と治療到達目標はあくまでも対象者の全体像を把握しつつ，その上で各時期ごとに対象者の具体的治療目標を設定し治療を実施していくことを念頭において作られたものである。これに対して，厚生労働省のガイドラインでは5カテゴリー17項目の「共通評価項目」が挙げられている。これらの共通評価項目は，対象者の精神鑑定，入院から退院，通院，再入院そして処遇の終了など，さまざまな段階で継続的に共通の評価が行われるように設定されており，対象者の社会復帰阻害要因とそのマネージメントに注目して作成され，各施設間における治療効果の比較検討などにおいて重要な評価となる。現在，医療観察法病棟では共通評価項目を中心として動いているようであるが，いずれにしても評価のあり方については，その方法も含め難しい課題が多々あり，まだまだ進化の途上にあるといえる。しかしこれまでの一般精神医療の現状を考えれば，このように評価に基づいて治療や対象者の処遇が行われるということ自体が画期的なことであり，課題は多いが長期的にみれば，治療技術の集積や標準化，各種治療プログラムの開発・実施に益するところが大きいといえよう。

5 強制治療実施の考え方

ECTやデポ剤を使用するに際し，対象者に対してまず丁重な説明が徹底されるのは，一般精神医療も司法精神医療も同様である。問題は同意が得られない場合である。ちなみに米国の司法精神医療では，病院内に裁判所があり，場

合にもよると思われるが，現実的に注射などの強制治療行為は，その是非は別にして，裁判所の許可により行われているとされる。

　医療観察法では，裁判所は入退院の決定と処遇終了の決定に関わるだけになっており，強制治療の決定に関しては関わることになっていない。言い換えれば外出・外泊の問題と同様に，ここでも医療側が強制治療に関する責任をもつことになり，したがって医療観察法下の強制治療では，医療は少なくともその強制治療の必要性に関して客観的な根拠を明らかにしておく必要がある。そのためには状態像評価において，その治療の必要性評価を行い，少なくとも多職種チームによってその治療の実施に関する合意がなされていることが重要となる。多職種チームが十分なマンパワーのもとで専門性をもって機能していれば，緊急的な対応も含めた日常的な治療の範囲内で人権侵害とされるような問題が生じることは考えにくいが，客観性と透明性を維持・継続していくためには外部委員も含めた会議によって一定期間ごとに評価を受けることが重要となる。また少なくともECTとデポ剤の強制的実施に関しては，新病棟倫理会議による事前の評価が必要となる。

　なお治療内容の客観性と透明性を維持することは当然としても，強制治療や処遇に関して，対象者が必要に応じ異議申立てができるシステムを保障することは，それに劣らず重要と考えられる。その意味では法律家が入院時だけでなく入院中においても，随時，何らかの形で対象者の処遇に関し定期的に関わり，実際の場面で医療者側と問題を共有化し，対象者の人権確保を図るべく具体的に機能するシステムを構築することが求められる。現在，指定入院医療機関によっては実際に弁護士が病棟に入り患者の人権擁護に関する活動していると聞く。

6　薬物療法について

　基本的には医療観察法下の治療に特有な薬物療法が存在するわけではなく，投薬はあくまでも客観性のある評価に基づいてなされることになる。対象が重大な他害行為を行った精神障害者であり，司法精神療法的接近が重視されるこ

となどから，認知機能を低下させない投薬内容にするということが，医療観察法下の治療では徹底される必要がある．以下に薬物療法の要点を示したが，これらは一般精神医療においても重要な考え方であることは論をまたない．

① 一定期間，投薬なしの観察により，診断や評価の正確さを期すこともありうる
② 定期的に投薬内容を再検討し，必要最小量を心がける
③ 薬剤使用に精通し多剤投与にならないように努める
④ 常に最新の薬剤情報を入手する
⑤ 依存性のある薬剤の投与に留意する
⑥ 急性期にあっては，精神症状の改善を第一義として一時的に過鎮静になることがあるのもやむをえないが，少なくとも回復期にあっては対象者の認知能力や運動機能を低下させるような投薬内容に関しては極力必要な調節を行い，上記有害作用の消失を図る
⑦ 社会復帰期にあっては，処方内容が安定し服薬回数を減じるなど，服薬の遵守性と継続性が維持されやすいようにする
⑧ デポ剤の使用に関し，説明を十分に行っても対象者の同意が得られない場合には，新病棟倫理会議の許可を待ってこれを実施する

このように今のところ，医療観察法下の薬物療法は一般精神医療における薬物療法と基本的には変わるわけではないが，処方内容そのものは多職種チームの評価に耐えられるものでなければならないことから，薬物療法の標準化がなされ，客観性と透明性をもってその有効性が評価されることで，知見を重ねれば，当然より洗練された薬物療法へと軌道修正されてくることが期待される．なおclozapineは欧米では統合失調症の攻撃性に対して推奨されており，本邦でもclozapineが導入されれば司法精神医療領域における薬物療法のあり方が大きく変わる可能性はある．

7　外出・外泊について

　対象者の社会復帰を進める上で，外出・外泊の果たす役割が重要になることはいうまでもない。これまでの一般精神医療では，外出・外泊の実施の判断は事実上すべて医療側に任され，そのためともすれば安易な判断をもとに外出・外泊が行われ，事故につながることが少なからずあった。医療観察法下での外出・外泊の実施にあっては，このようなことは許されず，厳重な医学的管理のもとで実施されることになる。

　そこでまず外出・外泊実施に伴う基本的問題点を整理すると，医療モデルから考えれば外出・外泊は社会復帰に必須であり，治療的意義付けをもって積極的に実施すべきものと解されるが，一方で病院外での事故発生のリスクを伴うものとして，その実施にあたっては当然慎重な判断が求められる。これまでの一般精神医療では外出・外泊時に事故があってもその責任は明確に問われることが少なかったことから，多くは治療的立場からの判断を重視して外出・外泊を行ってきた。しかし医療観察法の場合，その実施の判断は，一般精神医療の場合と比べて格段に重い行為になると考えざるをえないが，その是非は別にして外泊・外出を許可する最終責任者は指定入院医療機関の管理者となっている。あってはならないことであるが，事故はまた必ず起こりうるものであり，医療観察法下の外出・外泊にあって実際に事故が生じ，その判断の責任が医療者側だけに問われることになれば，その後の外出・外泊の許可に医療者側としては過度に慎重にならざるをえなくなることも想定される。

　すなわち一般精神医療においても実はそうであったが，医療観察法下の医療では，医療が二重の判断基準で外出・外泊の実施の判断を行わなければならないことがより明確になったといえよう。外出・外泊の実施という判断は，このような意味において医療と司法の相克という本質的問題を含んでいるが，いずれにしても医療観察法では医療の責任において外出・外泊の実施の判断を行うことになっていることから，現時点では医療としては客観性と透明性を確保し，説明責任を果たせるようにしておくことが最も重要であるということになる。以下に，医療として外出・外泊を実施する場合の最低限の条件を挙げる。

① 対象者の病状評価の徹底
② 多職種チーム全員の一致
③ 地域関係者，社会復帰調整官などへの連絡，情報交換
④ 危機介入時の対応の徹底
⑤ 同伴者を付ける
⑥ 初回にあっては新病棟運営会議による許可を得る

また実際の実施にあたっては，以下のことが考慮される必要がある。

① 外泊は1泊2日か2泊3日程度の短期間から開始する。最長は1週間までとする
② 単発的な試験外出・外泊から定期的でリズミカルな外出・外泊へと治療的意味をもたせ，次第に自由度を上げていく
③ 病棟内に外泊訓練のできる場所を設ける
④ 関係者間の事前の打ち合わせを十分にする
⑤ 対象者も漸次計画作成に参加させ，社会復帰のイメージ形成と自己責任の意識化を図る
⑥ 外出・外泊時の遵守事項を提示する
⑦ 他害行為の発生，帰院拒否，行方不明などの事故発生時の対応を徹底する
⑨ 過度の慎重さを避ける

なお外出・外泊の開始時期として，外出は回復期からであり，外泊は社会復帰期から開始されると厚生労働省のガイドラインでは決定されている。

8 退院時における対象者の遵守事項

　対象者には前述した理念のもとで，前述した病棟の運営方針で治療が行われることになる。治療を行う以上，対象者にあっても一定の権利と義務が生じることになるが，退院時にあって，対象者が遵守することが望ましいと考えられ

る事項について挙げた。これは治療者と対象者の関係性を明らかにし，枠組みを構築する上でも重要と考えられる。

① 治療継続に同意し，治療を継続する
② 法の精神を尊重し反社会的行為・迷惑行為を行わない
③ 住居の変更を独断で行わない
④ 規制薬物の所持，使用，売買を行わない
⑤ 必要に応じ，規制薬物使用の有無を調べる尿検査を受ける
⑥ 凶器を所持しない
⑦ 暴力，犯罪を日常性とする者とは交流しない
⑧ 許可なしに遠方への旅行を行わない
⑨ 支払いの限度を超えて借金することを控える
⑩ 限度を超えた飲酒，犯罪に結びつく飲酒はしない
⑪ 可能であれば自助グループへ参加する

　以上は米国の司法精神医療を参考としたものであり，住居の変更や旅行などについては医療観察法においても精神保健観察における守るべき事項として設定されているが，その他の点についても治療の枠組み構築という視点から，医療観察法下の医療にあっても今後，知見を積み重ねる中で検討されるべき課題であると考える。

9　社会復帰調整官の役割

　医療観察法では対象者の処遇に社会復帰調整官がはじめから関与することから，治療の枠組み構築の一環として，社会復帰調整官の役割と権限，責任範囲を整理しておくことが重要となる。社会復帰調整官がいかなる権限を有するかは，実は大変重要な課題であり，議論となるところであるが，医療観察法ではあくまでも対象者の治療継続の確保が主眼になっており，自宅などへの立ち入りなどの強制権は有していない。したがって，説明や説得のレベルを超えた危

機介入が実際に必要になったとき，迅速に対応できるかが問題となる。あるいは対象者の住居の確保に関し，一般精神医療でもこれまで苦労してきた経過があるが，今回はこれまで以上に困難が予測され，社会復帰調整官，すなわち法務省の抱える課題は多い。以下に現在までのところで明らかにされている社会復帰調整官の役割などを整理する。

① 対象者に関する審判時・入院時の情報提供
② 多職種チームとの合同会議への出席と情報提供
③ 外出・外泊実施決定に関しての情報提供
④ 退院時評価，退院後の処遇決定に関する会議への参加，計画の策定
⑤ 対象者の面接，訪問，指導，調査
⑥ 危機介入時の対応と裁判所等への連絡
⑦ ケア会議の招集
⑧ 退院時守るべき事項の破棄に対する指導
⑨ 裁判所に対し，処遇の終了，通院期間の延長，（再）入院の申立てなどの手続きを行う

とりあえず以上のような内容が挙げられるが，米国の司法精神医療の場合，社会復帰調整官に該当する職種の者は自宅への強制的立ち入り権や警察官に逮捕させることができるなどの権限を有しており，医療観察法のもとでの社会復帰調整官の権限は，その是非は別にして，弱いという印象があるのは否めない。すでに法は実際に施行され，予想通り，あるいはそれ以上に社会復帰調整官の役割の重要性とその活躍が認められる中で，社会復帰調整官の権限のあり方は引き続き検討される必要があると同時に，何よりも早急な増員が必要であろう。

10 医療観察法における処遇終了時の状態像

どのような状態になれば医療観察法における処遇の終了を考えるかについて考察することは，いわば医療観察法下の医療の最終的な治療目標を設定するこ

とでもあるが，臨床的経験則に基づき，とりあえず「居住様式」「精神症状」「遵法性」「治療コンプライアンス」「依存性」「人間関係」「生活」の7つに分けて整理列挙した。

(1) 居住様式
① 家族同居
② 単身アパート
③ 共同住居
④ グループホーム
⑤ 福祉ホーム
⑥ その他の施設

ほとんどの事例は，その障害の程度と家族状況により，最終的にこれらのうちのいずれかの居住様式をとることになる。どの様式になるにしても，日常生活能力と社会生活能力の回復・安定により選択した居住様式での生活が確定されていることが重要となる。

(2) 精神症状
① 睡眠リズムが安定し，基本的生活リズムが確立している
② 幻覚妄想の消失，または幻覚妄想に対して安定して現実的距離を保てる
③ 日常生活一般に誇大性や空想性，自己肥大化がなく現実の在り様に則して行動できる
④ 精神症状の変化や生活一般の困難などに関して，危機状況の認識ができ，言語化して関係者に伝えられる

(3) 遵法性
① 社会的常識を理解して行動できる。自己中心的正義感によって価値判断したり行動化したりしない
② 一般社会通念を尊重し，他者への迷惑行為や法に反した行為をしない

(4) 治療コンプライアンス
① 服薬内容が対象者にとってよくマッチしていると理解され，頻回の処方内容変更の必要がない
② 自己判断による不適切な服薬中断や減薬がない
③ 治療者からみても処方内容が対象者の状態に見合っていると判断される
④ 通院の不規則化や中断がない
⑤ 訪問看護や福祉的援助の適切な受け入れや利用ができる

(5) 依存性
① 覚醒剤・シンナーなどの規制薬物に対する依存関係が改善しており，使用の事実が認められない
② アルコールは使用することはあっても依存状態にはない

(6) 人間関係
① 家族との関係改善がなされており，深刻な家族間のトラブルや葛藤がなく，適度な交流性と援助関係が成立している
② 適切な友人が対象として選ばれ，良質な交友関係が安定して存在する
③ 悪い人とは付き合わないという言葉の意味が理解できる
④ 治療者及び治療スタッフとの信頼関係が確立している
⑤ 人間関係の根幹に不適切な敵意や怨念が認められない

(7) 生 活
① 身辺処理などのセルフケアが確立している
② 睡眠時間，一日の過ごし方，余暇の過ごし方，外出，社会資源の利用など生活の在り様が確立し安定している
③ 地域社会における居場所が安定してある
④ 作業所，授産施設，デイケア，就労など何らかの形で社会参加が継続して実現している
⑤ 生活技術が確立しており，食事作り，掃除，金銭管理，買い物，社会的

手続きなど援助を受けながらも安定してできる
⑥　金銭の不適切な貸借，消費者金融などからの不適切な借り入れなど金銭に関するトラブルがない
⑦　必要な援助や支援を否定的感情なく受け入れられる
⑧　生活を楽しむ余裕がある
⑨　援助は受けても，自発的定期的に受診するなど身体自己管理ができる

　以上，これまでの臨床的経験則をもとに，医療観察法による処遇終了時の状態像について概略的に述べたが，前述した5軸の基本評価や共通評価項目との関係など，多くの検討すべき課題を含んでいることは論をまたない。今後は医療観察法の通院処遇対象者が増加する中で本格的に検討されるべき課題となる。

第Ⅳ章

医療観察法下での医療をシミュレーションした事例の紹介

　重大な他害行為を行った精神障害者に対する現状の精神保健福祉法下での医療と，今回の医療観察法下での医療との相違を明らかにし，5軸の基本評価，特に急性期の初期基本評価（表6）(p.32) と治療到達目標（表5）(p.25) の関係，共通評価項目との整合性，さらには退院後の指定通院期間の問題点や処遇終了時の状態像評価など，医療観察法下での医療をイメージ化し理解しやすくするために，実際にこれまで精神保健福祉法下での治療を行ってきた症例について，もし医療観察法下で治療を行ったならばどうなるかというシミュレーションを行った。

　疾患別，当該行為別，実際は何年にもわたって入院継続している例など，さまざまな事例が挙げうるが，比較的まとめやすく，それなりに問題点が明示されている5事例について紹介した。これら実際の症例を医療観察法下での治療を想定してシミュレーションすると，これまでの精神保健福祉法下での治療がいかに問題が多かったかが理解されるところである。しかし医療観察法はすでに施行されていることから，あえてシミュレーション事例を提示することの意味は薄いという意見もありうると思われるが，「はじめに」で触れたように医療観察法はまだ始まったばかりであり，その効果と現行の精神保健福祉法との整合性など図1 (p.2)，図2 (p.5) で示したように，解明・整理されていかなければならない課題は多く，そのような意味であえてこれらのシミュレーション事例の提示をさせていただくことにした。

　なお，これらのシミュレーション事例は，平成16年度，厚生労働科学研究（こころの研究科学事業），「触法行為を行った精神障害者の精神医学的評価，

治療，社会復帰等に関する研究（主任研究者　松下正明）」のうち，「分担研究：触法精神障害者の治療プログラムに関する研究（分担研究者　武井満）」の研究班員及び研究協力者の研究成果によるものである[11]。

事例 ①

病的殺人衝動から傷害事件を犯し、24条の警察官通報を経て緊急措置入院となった統合失調症例
－電気けいれん療法（ECT）が事件の健忘を生じさせ、病状不安定から長期の隔離を要した経過について－

【診断】統合失調症（男性）
　ICD-10：F20　統合失調症
　DSM-Ⅳ：295　統合失調症
【当該行為】傷害
【家族歴】精神疾患の負因はない。父親は温厚で会社を定年退職。専業主婦の母親も穏やか。家族との仲は良い。
【既往歴】特になし
【生活歴】小学校・中学校では運動部に所属。成績は上のほう。中学では生徒会活動も熱心に行う。高校でも運動部に所属する。友人は多い。高校卒業後、専門学校へ進むが、卒業後は都会へ出てひとり暮らしをしてアルバイト。身の回りのことは自分でできていたが、生活費は親の援助も受ける。競馬にのめりこんだこともあったが、損をしてやめる。
【現病歴】
　X－3年、25歳のとき、「君は人を殺してないから就職できないのだ」といった幻聴、注察妄想で発症。A病院に2カ月入院。その後は自宅で無為に過ごしていたが、X年5月から仕事に出るようになる。その頃から、自分の病気は治ったと思い、通院服薬を中断。X年9月29日頃から不眠で落ち着かない状態となる。10月2日、A病院精神科外来へ行き、殺人を命じる幻聴と殺人衝動に基づいて、居合わせた医師の腰部を背後から包丁で刺す。当日、一旦逮捕はされるが、最終的に精神保健福祉法第24条による警察官通報を経て、B病院に措置入院となる。

[解説]

　この症例は重症の統合失調症で適切な入院治療によって改善が期待できるが，今回重大な他害行為を行っており，適切な病状管理に基づいた専門的な治療が必要と考えられるため，医療観察法の適応になると考えられる。

　医療観察法下では逮捕後，検察庁に送致され，心神喪失または心神耗弱であることを認めて不起訴となるか，心神喪失を理由とする無罪の確定裁判を受けるか，または心神耗弱を理由として刑を減軽する旨の確定裁判（実際に刑の執行を受けることとなるものを除く）を受けた後，検察官の申立て，鑑定入院・審判を経て指定入院医療機関へ入院となる。しかし医療観察法が施行されていなかった当時，症例は24条通報で緊急措置入院となり，迅速に治療が開始できたという点では良かったが，検察庁段階でこの症例がどのように扱われたかは不明であり，重大な他害行為に対する司法の関与が明確にされなかったという点で大きな問題が残る。

　医療観察法下でも，重大な他害行為を行った精神障害者に対して，法制度上は精神保健福祉法第24条の警察官通報により措置入院が行われ，そのケースが立件されずに終わる可能性は残されているが，警察及び検察庁は医療観察法の趣旨に鑑み，その適応となるかどうかを適切に判断し，心神喪失及び心神耗弱の場合には不起訴処分として，医療観察法における医療の申立てを行うことになる。このような変化により，医療観察法施行下では，この症例のように重大な他害行為を行った精神障害者が一般病院の不十分な医療体制のもとで治療を継続せざるをえないような弊害を避けることが期待できる。

　このように医療観察法下では，司法の関与が明確になることが期待できる一方で，このような症例に対して迅速に治療が開始できるのかどうかという問題がある。しかし医療観察法下でも一旦，24条の警察官通報で措置入院となり，緊急避難的に治療を行うことには法的には何ら問題はなく，ある程度落ち着いたところで刑事司法手続きを進め，責任能力鑑定，それに続いての鑑定入院による医療必要性の鑑定を行えばよい。場合によっては，審判のための合議体もその病院に行って対象者と会うなど，手続きを迅速に進めるための弾力的運用を行うことは可能である。そして審判で適当と判断されれば，その後指定入院

機関への入院がなされることになる。しかし臨床的には，最も症状が激しく手厚い医療が必要な最急性期に，設備，スタッフの整った指定入院機関で治療を受けられないという問題が残る。

1　急性期

> 入院直後は情動興奮はなく「人を殺したくなっちゃったんです」「人を殺しちゃったんです」「世界中の皆に命令された」と淡々と語る。ニヤニヤしながら「どうでもいい」「ばからしい」と投げやりな態度もみられた。Haloperidol 6mg, chlorpromazine 75mgから徐々に増量。しかし，11月中旬，幻聴，被害妄想，希死念慮が活発になり，興奮も激しくなり，食事もとらなくなる。Levomepromazine 400mg, haloperidol 18mgまで増量したがまったく改善なく，38度台の熱発，CK 13000と悪性症候群への移行が疑われたため，電気けいれん療法を実施する。しかし落ち着かずまとまらない状態が続いたため，12月中旬までに計19回行った。これによりようやく精神症状の改善がみられた。

○5軸による初期基本評価

① 疾病軸

幻聴，注察妄想で発症し，抗精神病薬による治療で改善。怠薬で増悪し，幻聴と殺人衝動が出現。これに基づいて医師を包丁で刺す。事件後，かりそめの平穏期の後に，激しい幻聴，被害妄想，精神運動興奮，希死念慮などの多彩な症状が出現。薬物療法では改善せず悪性症候群が生じ，電気けいれん療法で改善をみた。以上の経過から，本事例は重症の統合失調症と診断される。知的能力はごく標準的。

② 人格軸

元来，生真面目で几帳面な性格。穏やかで，かっとなることはほとんどない。小学校・中学校・高校を通して学校ではスポーツに親しみ，中学校では生徒会

の役員をした。両親とも穏やかな性格で，家族との関係は悪くない。友人は多い。ビールを500ml程度。違法薬物の使用はない。人格障害はない。

　③　行動軸

　過去に目立った暴力行為はない。ただ一度，競馬場で新聞を勝手にとった男性を殴ったことがある。非行や犯罪歴もない。事件の際には自分で包丁を買い，それをもって現場へ行き，「白衣の人間」を背後から突然刺した。動機は「世界中の皆が命令」する幻聴と，「殺したくなっちゃった」という殺人衝動。発症の際の幻聴も「人を殺してないから…」と殺人をそそのかすような内容であった。つまり統合失調症の症状自体がこの事件を引き起こしている。したがって，症状の再発は同様の他害行為につながる可能性があることを十分に考慮しなければならない。

　④　生活軸

　高校卒業後，専門学校へ行き，卒業後はアルバイトをしていた。発症時，ひとり暮らしをして身の回りのことはきちんとできていたが，金銭的には親の援助を受けていた。

　⑤　発達軸

　出生からの発育に特に問題はない。好きな科目に偏りはなく，学校の成績は上のほうだったとのことから知的能力にも問題はなかった。また，性格的にも異常な偏りはみられていない。

○「治療到達目標」の達成度

【生理】睡眠，食事などの基本的な生活リズムは回復している。

【精神症状】幻聴や殺人衝動などは消退し，急性症状は消失したと思われた（しかし，その後の経過で残存していることがわかる）。

【コンプライアンス】治療関係はある程度ついているが，「なんで入院しているのかわからない」など治療の必要性の理解は不十分。服薬（levomepromazine 400mg）は素直に行っているが，必要性をどのくらい理解しているかは不明。ECT直後であり，薬物の効果も不明。

【対人関係】いまだ隔離中であり，医療者以外との接触はない。

【自己コントロール】入院時から増悪期にかけては，自己コントロール能力は著しく低下したが，ECTによりようやく一定のコントロール能力を回復した。人格的な問題は小さく，急性精神病状態でなければ自己コントロール能力は期待できると思われた。

【人格】もともとは穏やかな人格であったようだという程度の理解で，特に体系だった人格の評価はしていないが，傷害事件はもともとの人格由来ではなく，病的な殺人衝動に基づいたものと理解される。

【自己イメージ】急性精神病状態を脱することにより，暴力的イメージは解体されたと理解される。

【生活】洗面，更衣，入浴などの身辺の自立はできている。まだ，患者ニーズの評価は特にしていない。現実直視の準備は整いつつあると考えられた。

【外出・外泊・その他】家族は十分な休息がとれたのではないか。家族との面会は行っている。外出はまだ見通しが立たない。

|解 説|

　医療観察法では当初審判の鑑定入院の期間は原則2カ月未満，最長でも3カ月未満とされているため，事件の直後から約1カ月半後の幻覚妄想状態，希死念慮が最も増悪した時期は鑑定入院中となっていた可能性がある。入院後の激しい幻覚妄想状態に対しては薬物療法では限界があり，悪性症候群を生じたこともあり，ECTを行った。鑑定入院中にECTは許されるのかという問題があるが，この症例の当時の状況ではどうしても必要な処置であったと考える。しかし事件に関しての健忘が生じるという，事件に対する洞察という点では深刻な問題を残した。こうしたことを少しでも防ぐためには，必要な症例に対してはできるだけ迅速に医療必要性の鑑定，審判を行い，専門的な体制の整った指定入院医療機関へ速やかに入院できるようにする必要がある。

　指定入院医療機関に入院後は，多職種チームによるアプローチが開始される。多職種チームにより初期基本評価が行われ，治療方針が決められる。入院直後の一見静穏な時期に薬物療法はどうあるべきなのか，スタッフはどう接していくべきなのかなどについても，主治医や各スタッフが自分ひとりで判断するの

でなく，毎週開かれる新病棟治療評価会議で検討していくことになる。

またECTは修正型ECTで行われることになっており，現状よりも安全性は高められる。施行の決定は主治医個人の判断だけでなく，外部から委員が入った新病棟倫理会議で検討されることになっているため，より慎重に適応が判断されることになる。

臨床心理技術者は司法精神療法のために早期から関わり，治療関係の確立を試みるだろう。精神保健福祉士も入院直後から社会復帰調整官と連絡を取り合い，対象者に関する法的問題点の調査整理や福祉的問題の整理・共有化を行うことになる。

2　回復期

> X年12月下旬からは大きな増悪はないが，若干波はありながら過ごす。ヘラヘラ，ニヤニヤして残遺性の人格変化がみられる。突然意味なく笑い出したりする。X＋1年1月になると，「どうしてここにいるんでしょうね」と言うため，入院時のエピソードについて何度か説明をする。すると「いつ刺しちゃったんですか」などと興味をもって質問してくるが，その後に落ち着きがなくなり，まとまらなくなることがみられる。主治医が質問しても「何でも知ってるでしょうから」と質問に答えないなど筒抜け体験の存在を疑わせる言動や，「悪いこと考えてるんです。ぶっ殺すとか」など殺人衝動の再燃を思わせるような言動もときにみられるため，隔離解除がためらわれ長期の隔離が続いた。本人への事情聴取可能性について，警察から何度か問い合わせがあったが，刺激が強すぎるとの判断から断わった。当初，haloperidol 18mg，levomepromazine 400mg，sultopride 1800mg，炭酸lithium 600mgの大量療法を行ったが，X＋1年の3月よりQT延長，排尿障害，食欲低下など副作用が目立つようになり，levomepromazineを漸減中止した。5月頃から上記のような病的言動はみられなくなるが，6月より，好中球減少，QT延長がみられ，sultoprideを600mgまで漸減，

haloperidolを漸減中止した。その後，病状の増悪がみられないため，X＋1年の9月より保護室からの試験開放を開始し，10月に隔離解除とした。

○「治療到達目標」の達成度

【生理】一時的に睡眠・食事などの生活リズムが崩れたこともあったが，最終的に安定。身体感覚も回復している。

【精神症状】疎通は比較的スムースだが，ヘラヘラした感じで「働かないでこんな楽しい」などと表面的で児戯的な言動と残遺症状が目立ち始めている。散発的に精神症状の悪化がみられたが，薬物の調整で改善した。その後，食欲低下，排尿困難，好中球減少などの副作用が続発した。残遺症状のため，意欲・集中力・持続力などは病前の状態までには回復していないと考えられる。

【コンプライアンス】患者・治療者関係はかなり馴染みの関係になったと考えられるが，患者がどのくらい治療効果を理解しているかは不明確である。

【対人関係】病棟スタッフに対しては信頼感・安心感をもてるようになったと考えられるが，隔離解除となったばかりであり，他患との関係はもてていない。

【自己コントロール】精神病症状も持続的にみられなくなり，ある程度安定した自己コントロール能力が回復したと考えて隔離を解除した。「なんで入院しているのかわからない」という問いに対して，入院前のエピソード（傷害事件）を説明する。それを聞くと納得する様子だが，その後病状が不安定になる傾向がみられた。「衝動性のマネージメント」「怒りのマネージメント」などの積極的なアプローチは行っていない。医療観察法下の治療では，治療プログラムに基づいて行われることになる。

【人格】残遺症状により，いわゆる人格レベルの低下がみられる。

【自己イメージ】散発的な増悪時に暴力的なイメージが再発したが，病状の改善とともに消退。どのような自己イメージが再構成されているかは不明だが，残遺症状により表面的なものになっている印象。

【生活】病棟内でのセルフケアは自立しているが，一般的な日常生活能力は不明。社会生活能力は残遺症状のためにかなり障害されていると考えられた。事件のことを話題にすることで現実直視は始まっている。日常生活を楽しんだり，障害の受容などはこれからというところ。

【外出・外泊・その他】隔離が解除されたばかりであり，外出・外泊・環境調整などはこれから。

> [解説]

　人格水準の低下を中心とした残遺症状を生じ，筒抜け体験，殺人衝動が再燃しやすい時期が数ヵ月続いた。この間，隔離を継続したため，隔離の期間は約1年に及んだ。専門性が高くマンパワー的に恵まれている医療観察法の指定入院医療機関では，1〜3人の看護者が患者に付き添うなど，保護室以外のセッティングでより密度の高い観察が可能となるため，早期の隔離解除が望めるだろう。長期の保護室使用は病棟運営会議で必ず問題にされ，解決策が検討されることになる。

　また，実際の症例ではこの期間に警察から本人への事情聴取可能性の問い合わせが何度かあったが，病状不安定のためにこれに応じることはできなかった。最終的に捜査のための情報提供の要請の中で責任能力に関する主治医の考えを求められ，責任能力はなかったと考えられる旨の回答をしたところ，その後，警察から本人に対しての事情聴取が求められることはなかった。おそらく，その情報提供をもとに心神喪失と判断され，不起訴処分となったと考えられるが，その辺の事情は不明である。医療観察法では不起訴処分となれば検察官が裁判所に審判の申立てをすることになるため，より手続きは明確になると考えられる。

　ECTの後は抗精神病薬の多剤大量療法を行ったが，症状改善とともに副作用が目立ち始めたため，漸減し単剤療法に落ち着いた。自分が精神病であり，症状の再発を防ぎ同様の事件の再発を防ぐためにも抗精神病薬の継続的な使用が必要なことは，回復期に入ってからの働きかけである程度理解してきているが，こうした働きかけの過程で病状に動揺が生じた。指定入院医療機関では，

この時期には医師や臨床心理技術者を中心とした多職種チームによる司法精神療法的働きかけを行い，事件への直面化から病識の形成までのプロセスをより安全に周到に行うことが期待される。また，臨床心理技術者は認知行動療法などを活用しながら，患者への心理教育を効果的に行い，さらに精神保健福祉士と協力して家族に対する心理教育も行うことになる。精神保健福祉士は社会復帰調整官と連絡を取り合いながら，早くから地域ネットワークの形成・確保に努めることになる。また，作業療法士も作業療法を通じて患者の自己効力感を高めたり，適切な気分転換の機会を与えることで，事件や病気への洞察など感情的にも負荷の高い心理的作業を脇から支えつつ，患者の自立生活能力を少しずつ高めていくことが期待される。

3　社会復帰期

X＋1年12月頃から，薬物療法の主剤をsultopride 600mgからfluphenazineに徐々に変更し，デポ剤の導入の準備を始める。一時，多弁で軽躁的な状態がみられたが，fluphenazine 5mgまでの増量にて改善。X＋2年4月に措置解除して医療保護入院に切り替えた。同時期にfluphenazineをデポ剤のfluphenazine decanoateに切り替え始め，5月に切り替えを終了（fluphenazine decanoate 50mg）。増悪がないか注意深く観察。上っ調子で笑いが止まらなくなるなどの人格のたがが緩んだような残遺症状は持続したが，陽性症状の再燃はみられなかった。9月から自宅への外出を開始。問題がなかったため，10月にそれまでの男子閉鎖病棟から男女混合の閉鎖病棟へ転棟。10月末からは外泊を開始するが問題なかった。11月に任意入院に切り替えて，男女混合の開放病棟へ転棟。レクリエーションや作業療法に毎日参加した。参加の様子はおおむね順調だったが，皆で合唱する音楽療法でひとりで大声で歌い出したり，レクリエーションのドッヂボールのときなどに手加減せずにボールをぶつけるなどのこともあった。12月からは3〜4泊の外泊を毎週繰り返した。X＋3年1月に退院後

のリハビリテーションを検討し，まず保健所の週1回のデイケアに半年通所したのち，地域の作業所に通所する計画を立てた。この間，病状の増悪なく，家庭生活にも適応しているためX＋3年2月に退院となった。退院時処方はfluphenazine decanoate 50mg/4W，炭酸lithium 800mg。

○治療到達目標の達成度

【生理】基本的生活リズムは継続的に安定している。運動のレクなどにも積極的に参加し，体力も充実してきている。

【精神症状】精神症状の再燃はない。身体合併症もみられない。疎通は良い。意欲・集中力・持続力もある程度改善したが，病前と同じレベルではないと考えられる。皆で合唱する音楽療法でひとりで大声で歌い出したりなど場面に不相応な行動をとるなど，状況認知の障害などがみられる。

【コンプライアンス】退院後継続して外来通院し，薬物療法などの治療が必要なことは理解している。さらにコンプライアンスを確実にするためにデポ剤を主剤とした。

【対人関係】他患と一緒に麻雀をするなどの交流がみられる。いじめの対象になったりするが，本人から他患へ攻撃的な言動を示すことはなかった。

【自己コントロール】病状が安定している限りは衝動的な攻撃はみられない。ただ，レクのドッヂボールのときなどに手加減せずにボールをぶつけるなど，潜在的な攻撃性があることが推測され，病状悪化時にこうした攻撃性が露骨になる可能性がある。あらためて，面接で入院時のエピソードを取り上げ，病状悪化による「殺人衝動」に基づいて他害行為があったこと，こうしたことの再発を防ぐため継続的な服薬が必要なことを説明する。本人は「入院のときのことは忘れてしまった」と言うが，「そんなことがあったんですか」と素直に受け入れ，「大変なことしちゃったわけですから」と継続的な治療が必要なことについては同意する。

【人格】へらへらした上っ調子な人格レベルの低下がみられるが，家族は「明るくなった」と評価する面もみられる。本人もものごとを必要以上に深刻に

考えない。
【自己イメージ】活気がみられ，ある程度の健康イメージも獲得していると推測される。
【生活】家族との同居であり，その範囲での日常生活能力は問題がない。就労などは難しいことは自覚しており，週1回のデイケアへの通所を違和感なく受け入れている。
【外出・外泊・その他】外泊も順調に経過する。家族の受け入れも良好。地元の保健所の保健婦がデイケアを通してサポート。

[解説]

　医療観察法下では，新病棟治療評価会議において多職種チームにより病状評価を行い，外出・外泊や退院などについて検討し，その後の方針を決定していく。また，多職種チームは指定通院医療機関，社会復帰調整官との連絡，ケース会議などを通して退院後の治療計画を策定することになる。この過程にあって，患者の障害受容度や一般的社会適応能力の評価を行う。退院後の計画については本人によく説明し，同意を得る。社会復帰後の本人の権利と義務についても医師や精神保健福祉士から説明を受ける。

　入院処遇ガイドライン案では急性期3カ月，回復期9カ月，社会復帰期6カ月を目安として，おおむね18カ月での退院を想定している。しかし，このケースでは急性期3カ月，回復期12カ月，社会復帰期14カ月と退院までに合計29カ月を要した。回復期が長かったのは殺人衝動など危険な病状がなかなか完全に消退しなかったためであり，社会復帰期が長かったのはデポ剤への切り替えとその後の病状の観察に時間がかかったためである。重大な他害行為を行った重症患者の場合，薬物の変更や外出・外泊など処遇の変更後の症状の悪化には当然警戒すべきであり，次のステップへ移ることには慎重にならざるをえなかった。医療観察法の新病棟では，これらの問題は従来より効率よくシステマティックに対応することでより早期に社会復帰に結びつくものと考えられるが，実際に18カ月で退院できるかどうかは症例にもよると考えられ，殺人など最も重大な他害行為や病状の改善が困難な症例など，より長い治療期間が必要に

なる場合もあると推測される。

4　地域での処遇

> その後は主治医の外来に通う。外来の通院は主治医がモニター。炭酸lithiumは漸減中止し，現在はfluphenazine decanoate 50mgのみ。X＋5年10月現在，B病院に約1時間半かけて1カ月ごとに定期的に通院し，地元の保健所のデイケアに週1回通所している。予定していた地域の作業所は退院後2年半以上経過したが，いまだに「空きがない」ということで通所できていない。デイケアの回数を増やすために，デイケアを行っている地元の民間病院への転院も依頼したが，増悪時の症状が重いとの理由で断られた。

○「医療観察法による処遇終了時の状態像」に基づいた評価
- 居住様式：両親と同居
- 精神症状：残遺症状は目立つが，幻覚妄想はない。現実認識はできているが，危機状況の認識ができて関係者に言語的に伝えられるかどうかは，残遺症状のために不十分かもしれない。遵法性はある。
- コンプライアンス：外来も毎回忘れずに通院。薬物はデポ剤。いつも「変わりないですね」と笑顔で話し，自分の状態や薬についての不満をもっている様子はない。主治医からみても，過鎮静もなく薬物は患者の状態に見合っていると判断される。保健所のデイケアで保健師のサポートを受けているが，助かっているという感謝の態度ははっきりしない。
- 人間関係：両親との関係は良い。デイケアの仲間との交流も悪くない。治療者との信頼関係はある程度安定して確立していると考えられる。人間関係の根幹に敵意や怨念はみられない。
- 依存：アルコールや薬物への依存はない。
- 生活面：セルフケアや生活リズムは安定して確立している。週1回のデイケ

ア以外の日は，友人と遊びに外出したりすることはあるが，自宅で過ごす時間が長い。地域社会における居場所，社会参加の実現という点では週1回のデイケアでは不十分。この点を改善するために，デイケアを行っている民間病院への転院を依頼したが拒否された。買い物などはできるが，親と同居のため，食事作り，掃除，金銭管理，社会的手続きなどは親への依存度が高く，患者自身の能力は不明確。金銭に関するトラブルは生じていない。援助・支援に対する否定的感情は聞かれない。友人との遊びを楽しむなど，生活を楽しむ余裕はある。健康診断などは受診しておらず，身体自己管理は不十分。

解説

　医療観察法下では原則として地域の指定通院医療機関に通院することとなる。その場合，精神保健観察により社会復帰調整官が責任をもって通院状況を把握することになる。定期的にケア会議が開かれ，危機介入の体制も整えられる。このように現状より多くのマンパワーが関わることで，危機状況への対応もより的確に行われるとともに，ケアの質も豊かになることが期待される。

　医療観察法の処遇の終了については，本症例はこの時点で陽性症状はなく，通院もきちんとしていてデポ剤での管理ができており，家族からのサポートも得られ，友人がおり，悪い付き合いはなく，規制薬物への依存もないことから，おおむね安定した状態であり，処遇の終了を考えてもよい状態かもしれない。しかし，通院処遇のガイドラインでは処遇の終了の目安として「症状の安定」に加えて，「必要な医療を自律的に求めることが可能になった場合」としている。この症例は残遺症状のために，危機状況の認識のもとに関係者にそれを伝えられるかどうかが不明確であることから，文句なしに処遇の終了としてよいとまではいえない。さらに，地域社会での居場所が週1回のデイケアであり，家族以外が危機介入できる機会が少なく，この点も不安定要因である。残遺症状の改善が乏しいことが予想されるため，通院処遇は法律上最長の通院期限である5年間続けられる可能性が高い。

　一般的に残遺症状が目立つ症例の場合，この症例のように「必要な医療を自律的に求めること」の条件を満たすことが容易でないことが想定され，期限い

っぱいの5年間通院処遇が続けられたのち状態が改善しないまま終了となる可能性があり，今後の検討課題となろう。

5 共通評価項目

最後に，ガイドラインに示された「共通評価項目」について各時期の評価を行った（p.141「共通評価項目の解説とアンカーポイント」参照）。

共通評価項目の継時的変化

	入院前	急性期	回復期	社会復帰期	地域での処遇時期
精神病症状	2	2	2	1	0
非精神病症状	2	2	2	1	1
自殺企図	0	1	0	0	0
内省・洞察	2	2	2	0	0
生活能力	2	2	2	1	0
衝動コントロール	2	2	1	0	0
共感性	0	0	0	0	0
非社会性	0	0	0	0	0
対人暴力	2	0	0	0	0
個人的支援	0	0	0	0	0
コミュニティ要因	1	1	1	1	1
ストレス	2	2	1	1	0
物質乱用	0	0	0	0	0
現実的計画	2	2	2	1	1
コンプライアンス	2	2	1	0	0
治療効果	0	0	1	0	0
治療・ケアの継続性	2	2	1	0	0

この表での点数の推移をおおまかに見てみると，治療の進行とともに精神症状が改善し，それにともなって生活能力や現実的計画もある程度まで改善してきているのがわかる。

共感性や非社会性など人格的な問題がはじめから少なかったことが，経過を良好にしたと考えられる。一方，生活能力や現実的計画がある程度の改善で留まったのは，残遺症状のためと，他害行為を行った精神障害者のリハビリを受

け入れる社会資源が乏しいことが原因であろうと推測される。他害行為を行った精神障害者の社会復帰が医療観察法の目的であるならば，24時間ケア付のグループホームの整備など，地域でのケアをサポートする体制の整備が急務である。

6　まとめ

　病的殺人衝動から傷害事件を起こし，24条通報を経て緊急措置入院となった症例である。確実なことはいえないが，医療観察法の新病棟であれば高い医療レベルにより入院後の増悪を防いで，健忘の原因となったECTをせずにすんだ可能性もある。十分な看護スタッフでの観察が可能なため，少なくともその後の長期隔離は防げただろう。再発防止のための心理教育や退院後のフォローアップは手厚い体制がとられ，よりしっかりとなされただろう。しかし，医療観察法のもとでも，社会資源が現状のままでは社会復帰はあるところで行き詰まることが考えられ，また，残遺症状が強い患者の場合，処遇終了の目標を完全には満たさないまま，期限を迎えて終了となる可能性もあろう。

事例 2

頭部外傷後7年を経て幻覚妄想状態下で母親を殺害し，責任能力鑑定を経て，精神科医療が始まり，本人死亡まで継続関与した事例
－医療観察法下での入院典型例として－

【診断】頭部外傷後遺症（男性）
ICD-10：F06.2　器質性妄想性（統合失調症様）障害
DSM-Ⅳ 293.82　一般身体疾患による精神病性障害（幻覚を伴うもの）

【当該行為】殺人

【家族歴】
父：自営業を営んでいたが，60歳代で急性心筋梗塞にて死去（本人当該行為の1年前）。
母：外向的な性格，家事は嫌いなほう，当該行為にて殺害される。
兄：本人より1歳年長。精神科通院歴はないが，社会性に乏しく，いわゆる分裂気質。

【既往歴】当該行為の7年前，交通事故により脳挫傷（約2週間の意識障害あり），右上腕骨骨折，右肩胛骨骨折。

【生活歴】父34歳，母29歳時に同胞第2子次男として出生。発育発達に異常は認められなかった。運動が得意で勉学は苦手な子供であった。地元小学校，中学校に進学。中学校では野球部に所属し，2年生よりレギュラーであった。野球部に入部することを前提に地元公立高校に進学したが，「自分には合わない」という理由により半年で野球部を退部し，2年生よりレスリング部に入部した。レスリングでは，インターハイや国体の県代表になるなど活躍した。一方で，高校1年生の頃より喫煙や飲酒が始まり，複数の女性との付き合いも認められた。成績は中～下位で，怠学傾向もあったが，かろうじて留年することなく3年で卒業した。高校卒業後は，約1カ月缶製造会社に勤めたが，パチンコなどの遊興に走

り退社。翌年父の自営の関連会社に入社。1年弱勤務し，自身で業務内容も把握したため退社し，同会社の下請けの自営（食品関連）を始めた。

【現病歴】

　順調に自営業の仕事をしていたが，X－7年（本人年齢22歳），自家用車運転中トラックに衝突，交通事故を起こし，脳挫傷受傷。リハビリテーションも含め，約5カ月の入院加療を受けた。退院後は，自宅療養のような状態で仕事も手につかず，自営業は閉鎖となった。その後工場勤務をするも「手が動かない」「ボーとしている」「意欲がない」という評価により約2年で退職となっている。その後，父が始めたプラスチック加工の自営業を本人も手伝っていたが，実際にはあまり手伝いはできず，飲酒量も増え，言動もおかしいことに家人も気づくようになった（X－2年頃）。元来は陽気で明るく，他人に好かれる性格であったが，事故後からは無口であまりしゃべらなくなった（友人談）。X－1年，一家の大黒柱であった父が心筋梗塞にて急逝した。大黒柱であった父の死去により家族は求心力を失いばらばらになっていった。本人は時に搬送の仕事の手伝いをするくらいでほぼ無為に過ごしていた。

　当該行為の前日，兄への暴力が認められた。X年某月某日，「（本人自身は）死ぬほど調子が悪くなって，徐々に小さくなる感じになったので」布団をかぶって寝ていたところ，母親が「夕飯だよ」と伝えにきた。母を見ると，「（母に）何かが乗り移っているようで，口からドス黒いものを吐くように見えて」「勇気を出してみんなのためにやっつけようと思って」，母親に向かい頭部や腹部を複数回殴打し，逃げる母にさらにつかみかかり，殴打を続け，台所の包丁を取り出し，メッタ刺しにした。その後本人は自宅を出て，友人宅で一晩を過ごしたが，様子がおかしいと判断した友人からの通報により，警察に逮捕された。

【解説】

　ここまでの経過で，本人は，「運動が得意で勉強が苦手」「やんちゃな面はあ

るが，本人在籍の高校の当時の実際の様子では，まあ標準的」「いい加減な側面もあるが，行動面での著しい逸脱は認められない」といった人となりであった。すなわち，X－7年の時点では，パーソナリティー面に大きな偏倚は認められず，精神病症状も出現しておらず，精神科医療の対象ではなかった。

頭部外傷後遺症に関して，『新版精神医学事典』（武正健一，弘文堂）より引用する。

> 頭部外傷後遺症は，一次性脳損傷に引き続き，直接的，間接的に生じた続発症と慢性期に見られる狭義の頭部外傷後遺症に分けることができる。頭部外傷による続発症は損傷の重症度に依存する。開放性の場合は感染による骨炎，骨髄炎，膿瘍，髄膜炎などがあり，後に神経学的症状を残すことがあるが，閉鎖性頭部外傷においても硬膜外血腫や脳内血腫，硬膜下血腫を生じうる。狭義の頭部外傷後遺症とされるものでは，自律神経－血管運動神経症状を基に様々な自覚症状，精神症状が問題になる。(1)神経衰弱状態　(2)自律神経・代謝・内分泌系の失調症状　(3)外傷てんかん　(4)神経学的症状　(5)全般的精神症状　(6)外傷神経症及び精神病状態。

本事例は，家族内力動や，飲酒などの環境，外的要因に修飾されている面もあるが，経過より「頭部外傷後遺症」という診断に合致すると考えられた。器質性障害によくみられる不可逆の人格変化は顕著ではなかった。

1　検察庁の依頼による責任能力の精神鑑定（起訴前本鑑定）期

> 当該行為の10日後，起訴前簡易鑑定が実施された。鑑定人医師は，「事件の重大性を考慮すると，簡易鑑定面接の範囲では被疑者本人の精神医学的判断は困難であり，起訴前本鑑定の実施が妥当」という意見を呈示した。その1週間後には鑑定人医師の勤めるA精神科病院で鑑定留置による入院が行われた（入院18日間）。さらに当該行為の3カ月後に検察官のもとに

鑑定書が提出された。

《鑑定書概要，抜粋》

① 精神所見：物静か，目立った問題行為なく，言語反応がやや鈍く，思考の渋滞を感じさせ，また質問内容によっては，拒絶感を漂わせる。著しい的はずれ応答はないものの，発語の内容は浅薄。背景に幻覚妄想状態の存在を感じさせる不気味さ。家族について本人の言動より，自殺した父に関しては肯定的な傾向であり，母には陰性感情を抱いていたこと（家族がうまくいかなくなったのは母のせい）が認められた。焦燥軽減，拒絶改善の目的で，chlorpromazine 60mg, diazepam 6mgを投与するも，変化なし。

② 検査所見

頭部CT：後頭葉左側部に1cm径の低吸収域あり。

ベンダーゲシュタルトテスト：器質障害の可能性は否定的。

ベントン視覚記銘テスト：器質障害の可能性あり。

WAIS-R：VIQ70, PIQ50, TIQ60, 思考障害のため，本来の能力を出していない可能性高い。

ロールシャッハテスト：解釈可能な情報は得られず。

③ 考案と説明：頭部外傷後遺症に基づく幻覚妄想状態と当該行為の一要因としての母子の力動関係を説明。

④ 主文：限定責任能力を示唆する形で，精神保健福祉法25条の検察官通報は不要とした。

解説

頭部外傷後遺症により幻覚妄想状態を呈し，殺人事件を起こした事例である。器質性障害での人格変化は顕著ではなかった。事故後に出現し始めた症状は，思考の停滞，意欲低下，社会適応能力の低下などであるが，幻覚妄想状態が顕在化したのがいつ頃かははっきりしていない。しかし元来運動が得意で外向的であった本人の変化の有り様をみると，もう少し早期に精神科医療につながれ

ば，今回の事件はなかった可能性が大きいと考えられる。また事件後の司法ルートの流れは，医療観察法施行以前の制度内にあって，きちんと扱われたと考えられる。この事例での鑑定人は，家庭内力動を重くみて，当該行為に至る心理学的経過をかなり了解のできるものとし，「限定責任能力，25条通報否」との判断をしたが，検察官は，鑑定人の意見を採用せず，「不起訴，25条通報」とした。それにより，この後本事例は一般精神科医療の対象となった。医療観察法下であったならば，申立てが行われた可能性が高い。

2　起訴保留での措置入院期間（審判における医療必要性の鑑定入院期）

　鑑定人が鑑定書を提出した1週間後，検察官より「拘留期限が切れるが，起訴の可否を決められず，起訴保留での入院をお願いしたい」という入院依頼がA病院に来た。結局は検察官の25条通報となり，措置診察の結果，措置入院の形態での入院加療が始まった。

　男子閉鎖病棟にて，終日保護室，sulpiride 300mg, cloxazolam 6mg, biperiden 3mgでの薬物療法を開始した。入院当初から，「鑑定留置による入院」のときより疎通は良好で，さらに初期処方が的確に功を奏した印象で，拒絶なく穏やかな対応が続き，入院4日目より日中開放，入院10日目で一般病室への移室となった。閉鎖病棟内での行動に関しても問題は認められず，他患者とのトラブルもなく安定した状態が続いた。また「鑑定留置による入院」のときとくらべ，状況認知もしっかりしており，生気もあった。入院50日目に改めて当該行為時を振り返る面接を施行。「明らかな幻覚妄想が当該行為時の数日前より出現しており，周囲が異質に見え，そのため本人は相当追い込まれていたことが判明」した。起訴の実施は決定しておらず，その状況（治療継続か，刑事司法ルートかはっきりしない宙ぶらりんの状況）に苛立つときもあった。入院90日目に不起訴が決定し，担当検察官がA病院に来院し，本人と直接面接して経過を説明した。

第IV章　医療観察法下での医療をシミュレーションした事例の紹介

解説

　医療観察法においては，鑑定入院期間中に，「疾病性」「治療反応性」「社会復帰要因」などの評価をし，医療観察法における医療必要性の判断をすることになる。またこの鑑定入院では，必要に応じ，裁判官の指示により責任能力の見直しに関わる鑑定も実施される場合がある。

　今回の事例では，「疾病性」「治療反応性」「社会復帰要因」のいずれの視点からも医療観察法における入院典型例と考えられ，またその前提となる責任能力に関しても検察官より結論が出されている。

　本事例の処遇については，医療観察法施行前の枠内ではあるが，「医療側」「司法側（検察官）」各々ができうる範囲で誠実に関与した。簡易鑑定から嘱託鑑定（起訴前本鑑定）への流れ，起訴判断の保留状況での25条通報，措置入院，鑑定人の判断と検察官の判断の違い，各段階で各々に齟齬がありながらも協働し合って，当該行為者本人に真摯に関わった。最終的には，検察官が不起訴の判断を下し，A病院に直接おもむいて，本人と接見し，「今回の司法判断と医療の必要性」をしっかりと伝えた。本人が「この次は，死刑にしてください」と言うと，その言に対して検察官は，「何がこの次だ。ふざけるんじゃない。反省するということは二度とそんなことをしないということがわからないのか」と厳しく叱責した。責任を担っている当事者が当事者の立場で当該行為者本人に関わるという構造こそが，真っ当な直面化の形であると思われる（もちろん外形的な枠組みと単純な関わりだけで本質的な直面化につながるわけではない面もある。しかし一方では，枠組みこそが本人の自覚への直接的な手段であるという事実も認識されるべきであろう）。医療観察法の最大の特色は，各部署の責任において，当該行為者に関与するということと思われ，この点こそが当該行為者本人の自覚，病識を高め，医療の必要性を理解させるポイントである。さまざまな問題点を包含する法律ではあるが，この有意義な点を医療内外の人々は理解する必要がある。

3 急性期

> 入院90日目に不起訴が決定し，引き続き措置入院治療継続となった。閉鎖病棟内，一般病室での生活行動に問題は認められず，自傷他害のおそれは消退したと判断され，入院100日目に措置入院解除となった。

○5軸による初期基本評価

① 疾病軸

頭部外傷による器質性精神障害である。人格変化は目立たない。受傷後に認められた中心症状は，意欲低下，無為，思考の渋滞，生活適応能力の低下など，統合失調症でいえば陰性症状が主体であったが，当該行為に至る以前より，幻視，錯視を伴う幻覚妄想状態が出現している。しかし，措置入院期間には薬物治療に対する反応が良好で，現実吟味能力もある程度保持されていた。

② 人格軸

運動が得意で学業が苦手。友人は多く人，付き合いも良い。レスリング部に所属して好成績を収めるも，暴力事件などでの補導歴はない。高校時よりやや素行不良な面も認められるが，大きい逸脱はない。ずんぐりした短躯だが，筋肉は発達している。リーダー役を買って出るタイプではなく対人接触に関しては受動的だが，人好きのする性格。

③ 行動軸

病前は対外的には，家族内（父母，兄）で精神医学的に最も健康度の高い人であったと思われる。高校時代に飲酒，喫煙が始まっている。その頃より異性交遊も始まっている。怠学傾向もあったが，何とか3年間で卒業。しかし暴力その他の問題で補導，逮捕歴などはない。

④ 生活軸

会社勤務，自営業と就労歴はあるが，当該行為前数年はほとんど就労できない状態であった。父はX－1年に自殺している。母は家事嫌い，兄も仕事を一所懸命するほうではなく，父の死去後は家族がバラバラになっていた。

⑤　発達軸

　発育，発達に異常は認められない。生育歴より発達障害は否定的である。責任能力鑑定での心理検査ではTIQ60で，精神遅滞のレベルを示しているが，これは，精神症状より十分に知的能力を発揮できなかったためであって，実際には正常下限程度であろう。人格的な著しい偏りはなかった。ベントン視覚検査で器質障害が示唆された。

○急性期「治療到達目標」の達成度

【生理】覚醒睡眠リズムは安定。食欲良好。排泄面も安定。

【精神症状】幻覚妄想症状はほぼ消退。筋肉痛，関節痛，身体的違和感などの心気的訴えが認められる。自身の入院に至る経過を理解はしているが，まだ十分には受け止めきれてはいない状況。疎通は情緒も交え，柔らかく安定している。

【コンプライアンス】治療拒否，拒薬は認められない。担当医師よりの説明はあるも，詳細な服薬指導はなされておらず，自己管理等はできていない。

【対人関係】担当医師，医療スタッフ，他患者との対応に問題は認められない。目立ったトラブルもない。引きこもっているわけではなく言語的交流は認められる。

【自己コントロール】「いつまで入院をしているのか」「今後どうしていけばいいのか」など現状から理解できる不安，焦燥を示す場面が認められた。そういった点からは，自己コントロールはまだ不十分であった。

【人格】勤勉に作業などを取り組むタイプではない。穏やかではあるが，傾向としては，勤労等生産的なものを求めるよりは，遊興に走りやすいタイプである。

【自己イメージ】当該行為時が病的状態であったということの自覚はできつつある。しかし，それに対して自身がどのように対応していくべきかの心構えやイメージは不足している。

【生活】病棟の範囲内での身辺自立はできている。

【外泊・外出・その他】長兄との面会は行っている。職員付き添いでの病棟外

外出は実施している。単独外出，外泊は未実施である。

> [解 説]
> 医療観察法下での治療としてシミュレーションした場合，本事例の場合，措置入院下での不起訴処分〜措置解除までを急性期とした。医療観察法の実際の運用の問題点の1つは，鑑定入院は一般精神科病院で実施され，「医療観察法での治療が審判において必要と判断されて」初めて指定医療機関にかかるという構造にある。対象者の状態を考えると，鑑定入院の時期こそが，急性期にあたり，しかもその期間中に治療反応性を確認していくということは，すでに精神科治療を開始するということである。急性期精神科医療に携わっている医療者ならば自明のことと思われるが，おおむねの急性期医療は1カ月内外で終了するものである。すなわち医療観察法の流れに沿うと，対象者の本当の急性期治療は鑑定入院中にすまされ，指定入院機関に入院するときにはほぼ急性期は脱出しているということになる。今回の事例でも，初期薬物治療が功を奏し，以後は本人の現実認知に合わせ，ケースワークを進める展開になった。つまり実質的な急性期治療はほとんど，鑑定入院期間に終了したと考えられる。

4 回復期

本人の言動より自傷他害のおそれは消退したと判断され，入院100日目に措置入院解除となり，翌日より長兄を保護者とし，医療保護入院の形態で入院治療が継続された（この間，担当医から本人に繰り返し，入院理由，当該行為のこと，今後の医療の重要性が説明された）。入院形態の変更により行動範囲が拡大され，それに併せて本人より外泊その他要求事が増えていった。入院110日目，病院内単独時間開放の許可が出た。無断離院などの問題行動は認められなかった。長兄が本人を実家に引き取ることに拒絶的であるため，別の形で退院先を探す必要性が生じた。入院125日目，母の死去により本人の手元に1500万円（生命保険の保険金）が入ること

になった。閉鎖病棟内では，病院内時間開放などを行うが安定した行動ができ，大きなトラブルも認められなかった。そのため入院150日目，男女混合開放病棟に転棟することになった。

○回復期「治療到達目標」の達成度

【生理】覚醒睡眠リズムは安定を維持している。便秘の訴えが目立ち，下剤の調整を要した。その他の身体不定愁訴は軽減している。

【精神状態】幻覚妄想症状は認められない。生気は認められるが，元来は有していたと思われる現実生活能力の低下が認められる。現状，今後の自身の展開に関しての不安，焦燥が認められる。

【コンプライアンス】治療に関しての拒絶，拒薬は認められない。担当医師のアドバイスは理解できる。

【対人関係】担当医師，医療スタッフ，他患者との関係に問題は認められない。自らが原因になるような対人トラブルは認められない。

【自己コントロール】暴力行為，易怒，威嚇は認められない。情動はおおむね安定しているが，時に不安，焦燥が認められる。

【人格】人なつっこく，対人接触も問題はないが，一定のことを持続する能力に欠け，飽きっぽく，退院後の生活に関しての心配を感じさせる。

【自己イメージ】病識（事故後の精神状態，当該行為，入院に至る経過）は芽生え始めているが，認識は不十分で，諦めと理解不十分な面が混ざっている。

【生活】病棟内での身辺整理，自立に問題はない。入浴，洗濯，リネン交換など具体的な対処はできている。

【外出・外泊・その他】病棟外外出では，時間を守り，無断離院など逸脱はない。長兄との面会は不定期にある。外泊は始まっていない。

[解説]
　回復期に求められるものは，外見的には安定した入院適応，内面的には現状の現実認知，病識の芽生えといったものであろう。今回の事例では，措置解除，

医療保護入院下での閉鎖病棟での入院生活期間を回復期としてみた。医療観察法下でのこの期間の治療的関与は，多職種により，本人の病識獲得，当該行為への直面化などがなされるものと思われるが，一般精神科病院による実際の医療行為では，そのような充実したマンパワーはなく，担当医師と看護師が本人への対応の主体となる。閉鎖病棟での処遇であったが，規定時間内の単独外出を試みても無断離院は認められず，入院治療の自覚が認められた。こういった本人行動のエビデンスと評価に基づき，開放病棟処遇は可能と考え，実施した。医療観察法下での医療では，現状の精神科医療よりはるかに肌理の細かい対応，評価が可能となり，その点は当該行為者本人への寄与になろう。

5　社会復帰期

　　入院150日目より，男女混合開放病棟で入院治療を継続することになった。転棟により担当医の変更があった。安定した病棟生活を送っていたが，ある日他患者と連れだって無断外出し，飲酒行為に及ぶという逸脱行為が認められた。その際には保護室使用をせざるをえない場面もあったが，以降著しい問題行動はなく，生命保険より得られた本人の貯金をもとにしてA病院の近辺のアパートへの入居を目指す方向となった。担当医師が今後の生活に関して本人と相談した上で，本人の担当看護師，訪問看護師，PSWが協力して，本人とともにアパート探しを始め，契約に至ったアパートへの外泊訓練が始まった。5回にわたるアパートへの外泊訓練を無難にこなしたため，入院200日目（X＋1年），A病院退院となった。

○社会復帰期「治療到達目標」の達成度
【生理】病棟での生理的リズムと外泊でのリズムに大きい狂いはなく退院可能性を示した。
【精神症状】幻覚妄想症状の再燃は認められない。元来有していた社会適応能

力よりは低下が認められるが，就労等の負荷を与えなければ，地域生活は可能である。
【コンプライアンス】病棟，外泊を通して服薬は維持されていたが，自覚（継続服薬の必要性）はやや不十分という印象。
【対人関係】反社会性人格障害の患者などとの関係が入院中より認められ，退院後の生活にやや暗雲を感じさせる。しかし一方では，そうした人間関係も含め，外向的な対人関係を支える必要性がある。
【自己コントロール】他人に影響を受ける面があり，上記の対人関係より，安定した自己コントロールは，単身という環境では不安があるのは否めない。
【人格】もともと著しいパーソナリティーの偏倚はないが，自身に対して甘い面があり，状況認知に関してなお成長を必要とする。
【自己イメージ】本事例での治療的関与の範囲では，「問題行動をしない」「きちんと通院する」「訪問看護の指導に従う」という大ざっぱな枠組みはあるものの，本人の今後の生活における微細な自己イメージまでの評価には至らなかった。
【生活】アパート単身生活の準備のもとに，外泊訓練を通して，退院可能という評価に至った。浪費傾向は認められるが，身辺自立はしており，単身生活は可能と考えられた。
【外出・外泊・その他】入院中に契約したアパートへの頻回な外泊訓練では，外部への迷惑行為もなく，金銭管理もクリアでき，行き帰りの予定も守られた。

[解 説]
　今回の事例では，開放病棟での入院治療期間〜退院まで（入院150〜200日）を社会復帰期としてみた。本人の入院期間を振り返ると，急性期が10日間，回復期が50日間，社会復帰期が50日間という内訳になった。当該行為時から退院までは1年ですんでいる。医療観察法下では，多職種により，より慎重で詳細な評価，見直しが実施されることになる。
　現状の医療の範疇では，細かい評価は困難で，開放病棟での入院処遇で大き

い問題がないという現実をもとに退院にこぎつけることになるが，医療観察法下では，評価に基づき計画的な外泊訓練を実施し，社会復帰調整官が退院後の生活のコーディネートをしていくことになる。入院から地域処遇につながるサポート体制に関して，現状は少ないマンパワーではあるが，入院中に関わった面々が継続的に支えることが多いので，本人にとっては対人関係面での安心感があろう。医療観察法下では地域処遇に関しても病院のみならず多くの職種のサポートを期待できるが，治療の一貫性を保つ意味からも，移行に関して本人が安心できるための十分な引き継ぎが大切である。社会復帰調整官の果たす役割が大きいと同時に，本来ならば，県単位で地域に密着した指定入院医療機関がやはり必要となろう。

6　地域での処遇

> 　A病院を退院し，単身アパート生活を送ることになった。2週間に1回の外来通院，毎週1回の訪問看護によりサポートをしていった。本人は，入院中に付き合いが始まった素行の悪い患者に金銭を巻き上げられたり，一緒に飲酒したりなど，治療者が憂えた心配な行動が認められた。その都度の訪問看護の介入，指導により何とか治療中断とならぬようにした。また1000万円を超える保険金が下りたのにもかかわらず貯金がグングン減っていってしまったため，本人は障害者年金の受給を希望し，そのことも治療継続のわずかなモチベーションにはなりえた。大きな逸脱はなく何とか単身生活を続けていたが，X＋3年，急性心筋梗塞のため死去した。

○「医療観察法による処遇終了時の状態像」に基づいた評価
○居住様式：単身アパート生活
○精神症状：幻覚妄想症状（当該行為における中核症状）は消退し，再燃は認められない。

- 遵法性：他人に金銭を渡す，飲酒する，など病状悪化につながりそうな面が散見された。
- コンプライアンス：継続通院，服薬遵守はほぼ守られていた。
- 依存性：他人に影響されやすい面があり，飲酒などの病状悪化につながる行為が認められた。
- 人間関係：治療者との関係はおおむね良好，家人との関係は断絶，友人関係は不良。
- 生活：身辺自立はしていたが，金銭感覚に乏しく，浪費傾向が認められ，訪問看護のサポートのもと，かろうじて単身生活が維持されていた。

解説

　本事例では，退院後2年で本人が死亡するまでの間，精神症状の増悪による再入院はせずにすんだ。しかしやや不良な交友関係，飲酒，浪費の問題よりピンチは何回かあった。それを少ないマンパワーで，保険診療の枠内で，外来医，訪問看護の範囲でサポートするのは限界を超えたものであった。現在の保険診療の枠内では，医療スタッフに任されているケースロードははるかに限界を超えている。それにもかかわらず，一人一人の患者に対して手を抜かず，構造的に，継続的に対応し続けていけば，医療者はバーンアウトしてしまう。医療観察法下での医療は，潤沢なマンパワーと構造的な枠組みの上での対象者への関わりが保障されている。ぜひこのような点が一般精神医療への良い意味での見直し（医療経済的側面など）につながることを期待したい。

　本事例において，本人はパーソナリティー障害といえるほどの人格の偏倚はなかったが，それでも生活の破綻，病状増悪を防ぐためには，本人に対するパーソナリティーの理解（性格傾向，対人関係パターン，趣味嗜好など）が最も重要であったといえる。日本では過去，例えば，生活臨床（統合失調症者の性格傾向を生活面から類型分けした。能動型，受動型など）などの優れた研究成果もある。実際の臨床でも，本人の破綻パターンをつかんで，その上で何とか留め金を準備することが重要な精神科医療のポイントとなる。この点も医療観察法下での構造的な医療において，深化させてもらいたい項目である。

7 共通評価項目

ガイドラインに示された「共通評価項目」を利用し，各時期の評価をする（p.141「共通評価項目の解説とアンカーポイント」参照）。

共通評価項目の継時的変化

	鑑定期	急性期	回復期	社会復帰期	地域処遇期
精神病症状	2	1	0	0	0
非精神病症状	2	1	1	1	1
自殺企図	0	0	0	0	0
内省・洞察	1	1	1	1	1
生活能力	2	1	1	1	1
衝動コントロール	1	0	0	0	0
共感性	1	0	0	0	0
非社会性	1	0	0	0	0
対人暴力	1	0	0	0	0
個人的支援	1	1	1	1	1
コミュニティ要因	2	2	1	1	1
ストレス	1	1	1	1	2
物質乱用	0	0	0	0	0
現実的計画	2	1	0	0	0
コンプライアンス	1	0	0	0	1
治療効果	0	0	0	0	0
治療・ケアの継続性	1	0	0	0	1

8 まとめ

今回の事例では，本人の主症状が幻覚妄想状態であったため，薬物療法により，早期の改善を認めた。しかし同じ器質性障害であっても，精神病症状は改善しても人格変化が著しく，衝動性，暴力性が残るケースはよくみられる。そういったケースでの対処はどうなるのか。一般精神科病院ではいわゆる治療困難事例となりやすいタイプと思われるが，医療観察法下での医療であっても必ずしも容易ではないと考えられる。

今回の事例の場合，実際の医療行為としては，医療スタッフは保険診療の枠

を超えて，かつ少ないマンパワーのぎりぎりの状況で協力して本人にあたってきた。医療観察法の枠内の医療では，多職種チームにより構造的な治療が実施されることになり，その点での期待は大きい。しかし一方，「鑑定入院の場所，期間の問題」「鑑定入院から入院医療へ，入院医療から外来医療への橋渡しの際のスタッフ変更による対象者のストレスの問題」など，実際に運用された場合のことを考えると，心配点，問題点も多い。この課題に関係各位はきちんと向き合いながら，医療観察法による医療をより良い方向に進化させていくべきであろう。

事例 3

うつ病により実子を殺害し，他害行為の直面化や認知行動療法を行わなかったためにその後も症状再燃と入退院を繰り返した事例

【診断】精神病症状をともなわない重症うつ病エピソード（女性）
　ICD-10：F32.2
　DSM-Ⅳ：296.2
【当該行為】殺人
【家族歴】精神疾患の負因なし。母が脳梗塞のため入院中。父がアルコール依存症。
【既往歴】特になし。
【生活歴】同胞3名の第1子。高校卒業後会社員として勤務していた。23歳で現夫と結婚し，25歳時に長女，28歳時に長男をもうけた。家事，育児に励み，子供たちを大変かわいがっており，地域のボランティア活動を熱心に行うなど活動的だった。
【現病歴】
　X－1年6月（35歳），夫の転職を機にパート勤めを始めたが，同年10月より「仕事の内容が自分に合わない」「仕事と育児・ボランティア活動が両立できない」などと悩むようになり，抑うつ的となった。X年1月中旬より，自分の内科疾患の通院治療，母の入院，子供のインフルエンザなどの負担が重なって，不安，不眠（早朝覚醒），悲哀感，行動抑制が出現した。徐々にうつ状態が悪化したため，X年2月20日，A病院精神科を受診し投薬された。しかしうつ状態で家事などが十分にできないことを苦にして，「自分は母親失格だ，自分のせいで子供もまともに育たないだろう」と思い悩み，希死念慮が強くなった。夫にも「死にたい」「4人で一緒に死のう」などと言うようになったため，夫が心配し，担当医と相談の上，3月10日にB病院に入院予定となった。その前日の

第Ⅳ章　医療観察法下での医療をシミュレーションした事例の紹介　79

3月9日夕方,夫が買い物に出かけた隙に包丁で2人の子の胸部・腹部を刺して殺害し,自分の頸部を切って自殺を企図したが,本人は一命をとりとめた。

【解説】
　うつ病の女性による子殺しの事例である。うつ状態下で子殺しを行った女性の多くは,心神喪失で不起訴,あるいは起訴されても心神耗弱と認定されて執行猶予となり,医療観察法の対象者となる。しかし,殺害された子以外の子や同居家族がいる場合,あるいはまだ対象者が生殖年齢にあり将来再び子を授かる可能性がある場合などでは,病状が再燃すると,再び同様の行為を行う可能性はあるといえるが,被害児以外に子がない対象者や,今後出産する見込みのない対象者では,その可能性がなく,医療観察法による処遇は不要であるという考え方がある。
　その一方で,自殺企図を確実に防止しながら,円滑な社会復帰を進め,病状及び同様の行為の再発を予防するためには,通常の薬物治療や精神療法といったうつ病の治療だけでなく,うつ状態になって子供を殺害したという事実に向き合い,その行為の複合的な背景について洞察を深め,さらに罪悪感,否認など自己の行為に対して生じる心理機制を理解できるよう(このプロセス全体を「直面化」という),より濃厚な心理療法や認知行動療法(すなわち司法精神療法)が必要であるという考え方もある。子殺しでは,対象者本人だけでなく,命をとりとめた場合の被害児,そして加害者も被害者も家族であるという二重の苦悩を負う他の家族にも深刻な心的外傷が認められ,それに対しても積極的に援助していくことが,対象者の社会復帰を進める上で非常に重要である。また対象行為の結果,離婚や別居など対象者の家族関係に大きな変化があった場合,社会復帰には多大な困難が予想され,集中的なケースワークも必要となる。このような医療を提供することは,現状の一般精神医療の現場では必ずしも容易ではないため,子殺しの事例に対しても,安全が十分確保された指定入院医療機関で,司法精神療法に熟練した医療者による専門的な治療を提供すること

が望ましいのではないかと考える。

　では，うつ病による子殺しの事例に対して，何を基準に医療観察法による医療の必要性が高いと評価するかどうか，すなわち，医療必要性の鑑定におけるうつ病者の病状評価が問題になる。うつ病者では他害行為が希死念慮や自殺企図といった自傷行為，被害妄想などの精神病症状やうつ病自体の重症度といった疾病因のほか，性格因や状況因と密接に関連しているため，①対象行為時に，深刻な自殺企図，被害妄想などの精神病症状，意識障害などがあったかどうか，②人格面に本格的な認知行動療法や司法精神療法を必要とする問題があるかどうか，③家族関係も含め環境調整の面で困難が予測されるか，といった点が鍵になるのではないかと考える。したがって審判においては，医療必要性の鑑定と同様，社会復帰調整官による生活環境調査の結果が重要となるだろう。

1　急性期

　　当該行為の翌日（3月10日），精神保健福祉法24条の警察官通報にて精神保健診察となり，要措置でC病院（総合病院）精神科に入院となった。「私を殺してください。子供と一緒に逝きたい」などと希死念慮が強いため，3月13日，14日にECTが行われた。子2人の死亡についてはまだ告げられない状態であると判断され，「現在重体で加療中」と伝えられた。3月18日，D病院（単科精神病院）に転院（第1回入院）となる。

　　入院当初は抑うつ気分，悲哀感がまだ残っており希死念慮も認められたが，薬物療法（clomipramine 30mg，amoxapine 75mg，levomepromazine 25mg/日）で徐々に改善した。しかし不眠が続き，子の安否や夫の状態を気遣って感情不安定で，感情失禁が認められることもあった。3月25日，夫と担当医より2人の子が死亡したことが伝えられた後，一時感情の動揺がみられたが，薬物の増量，夫の励ましにより表面的には落ち着きを取り戻した。この間，担当医から本人に繰り返し，「事件は病気のために起こったことであり，きちんと治療を受けることが償いである」，「夫も父もあ

なたが良くなることを強く望んでいる。もう絶対に自殺をしようとしてはいけない」と話をされた。安定してくると病棟内でリーダーシップを発揮し，率先して雑用や他患の世話などしていたが，他患の言動に過敏に反応するところもみられた。取り調べのため，X年5月12日，退院し警察に拘留された。

○5軸による初期基本評価

① 疾病軸

精神病症状をともなわない重度うつ病エピソードの患者である。当該行為直後の他院への入院中ECTが行われたことにより，当院入院時にはうつ状態は若干軽快しており，抗うつ剤にも反応は良く，初回入院期間中にうつ病の症状は消褪した。

② 人格軸

明るく社交的で世話好き，頼まれると断ることができず何でも引き受けてしまう。義理固く几帳面で，完璧主義なところがある。我慢強く，夫にもほとんど愚痴を言わないという。循環気質と執着気質を併せた病前性格である。

③ 行動軸

反社会的行動の既往はない。地域活動などに積極的だが，引き受けたことをすべて要領よくこなすことができず，自分の限界を超えて役職などを引き受けてしまい，それが負担になって今回のうつ病の発症に至ったといえる。

④ 生活軸

結婚し，家庭の主婦，2児の母として普通に生活してきた。夫とも仲がよく，夫は当該行為に関しても本人を責める気持ちはまったくない。今後も本人とともに生活していくつもりでいる。本人の母親は入院中で，父親も高齢であるが，父親は本人の治療に協力的である。

⑤ 発達軸

特に問題はないが，父がアルコール依存症で，10代の頃から父に対する陰性感情が強かったと述べており，父との関係が人格形成過程に何らかの影響を及

ぼした可能性がある。

○急性期「治療到達目標」の達成度

【生理】うつ病による睡眠障害や疲労感は改善し，基本的な生活リズムは回復した。

【精神症状】抑うつ気分，行動抑制，希死念慮など重篤なうつ病症状は改善し，意欲も徐々に回復しているが，当該行為や子に関することに触れると，まだ感情不安定となる。

【コンプライアンス】担当医や病棟スタッフに対しては，「あんなことをした私になぜこんなに優しくしてくれるのか」という感謝の念が強い。治療関係への導入はスムーズに行われ，治療・服薬の必要性は十分理解できている。

【対人関係】医療者に対してはやや依存的な印象も受ける。患者間では，必要以上に他患の世話をするなど奉仕したがる面があり，もともとの性格傾向だけでなく罪責感に基づくことがうかがわれる。

【自己コントロール】感情不安定となるときがあるが，自殺企図などの行動化はない。衝動性や攻撃性といった問題はもともとない。しかし自己の性格及び行動特性に応じた自己コントロール能力は低く，その獲得の必要性も理解されていない。

【人格】今回のうつ病発症のエピソードにおいて，人格傾向とそれによる行動特性が関与したという理解はなされていない。病前性格として典型的であることもあってか，医療者側からも人格や行動特性に関する関心は特に払われていない。また，担当医は当該行為に関する直面化は極力避けたいという方針で，グループワークや心理療法への導入はなされていない。

【自己イメージ】うつ症状の改善に伴い，罪責感は強く残っているものの，同時に「今となってはなぜあんなことをしたのか，わからない。あのときは自分でもおかしかったと思う」という振り返りができるようになった。夫に対しても「申し訳ない。迷惑をかけるので離婚してもらって，自分は刑務所に行きたい」と述べるが，面会時に「俺にはお前しかいない。早く治ってくれることを祈っているから」と夫から言われ，それを受け入れている。担当医

より心神喪失となり免責されるかもしれないとの説明を受けるが，刑事処遇については十分理解ができていない印象がある。
【生活】セルフ・ケアの能力，身辺処理能力には問題はない。
【外出・外泊・その他】夫，父親との面会は行っている。外出・外泊は行っていない。夫も不眠が続き，近医クリニックで投薬を受けている。

解説

医療観察法が施行されても，対象者の実質的な急性期治療が，指定入院医療機関ではなく，鑑定を行う一般の精神科病院で行われるという点は，多くの議論を呼ぶところである。特にうつ病による子殺しの事例では，自殺企図や強い希死念慮のために対象行為後すぐに治療を開始する必要のある場合も多く，医療観察法下でも急性期治療は24条の警察官通報による措置入院で行われる事例も少なくないと予想される。その際，対象者の責任能力鑑定とそれに基づく刑事処遇の決定（不起訴か否か），医療観察法による医療必要性の鑑定，審判，などが初期治療と並行して順次迅速に行われなければならない。しかし，処遇を決定する上での必要な取り調べ自体が急性期治療による症状改善を待たないと行えないという困難さがあるため，対象者が指定入院医療機関に入院するのは，病状としては急性期を過ぎた段階になると思われる。また本事例のように，希死念慮が強いため，急性期治療の中でECTが必要になることも多いだろう。また，医療観察法による入院治療であれば，新病棟倫理会議に諮った上で実施されるECTが，一般精神科病院で従来どおり危機介入の手段として安易に選択されうるのであれば，整合性を欠くことになるのではないか。このように，医療観察法の対象者となりうる患者の急性期治療のあり方については，今後さまざまな点で検討を要すると考える。

医療観察法下では，不起訴などの決定後，検察官の申立てにより裁判官によって医療必要性の鑑定の命令及び審判が行われる。すでに述べたように，うつ病の事例の場合，症状を改善し，これに伴って同様の行為を行うことなく社会に復帰することを促進するために医療観察法による医療を行う必要があるか否か，その判断の基準は何か，という点が問題で，今後鑑定や審判における疾患

別の判断基準も必要になるのではないかと思われる。

　仮に指定入院医療機関で急性期治療が行われると想定してみる。入院後には，多職種チームによる初期基本評価が行われ，それに基づいて治療方針が決定される。本事例では，実際は医師・看護師といった病棟スタッフにより，支持的な対応の危機介入と一般的な薬物療法が行われただけであるが，医療観察法下では，子殺しという行為に対する直面化をどの段階からどのように行っていくか，家族の心理的な援助をどうするか，といった司法精神療法に関する議論やプログラム作りが治療の初期から多職種チームで行われる。人格軸の綿密な評価も必要であり，責任能力鑑定などで行われていない場合には積極的に心理検査を行うべきである。直面化の作業において最も基本的なことは，対象者が対象行為やそれに関する自己の心理状態をありのままに語れるような治療関係を構築すること，治療者が対象者に内省を強要することなく，起こりうるさまざまな心理機制を理解し，受容し，そして個々の対象者の回復過程を尊重することであろう。その点，初期の段階から評価と治療の双方で，特に臨床心理士の積極的な関わりが重要になる。本事例では，夫は今後も対象者とともに生活していく意志があるが，子殺しの事例では対象行為のために離婚や別居に至ることもある。家族関係の調整を要する場合や，退院後の帰住先や経済的手段がないなどの問題が生じる可能性がある場合には，社会復帰調整官との連携を深めつつ，精神保健福祉士も入院直後から関わる必要がある。いずれにせよ，責任能力が減免されるのは重度のうつ病エピソードであり，多くは治療反応性が良好であるため，急性期治療は3カ月以内，あるいはもっと短期間で終了できると思われる。本事例では2カ月であった。

2　回復期

　拘留中に起訴前精神鑑定が行われ，その結果心神喪失との認定で不起訴となり，同年7月16日，身柄釈放と同時に，精神保健福祉法25条の検察官通報により，D病院に第2回目入院（医療保護）となった。拘留中に精神

状態が大きく変化することはなかった。

　第2回目の入院時，「拘留中の生活がつらかった」と述べ，やや抑うつ的であったこともあり，担当医は子殺しの件については一切直面化させない方針で支持的に対応することにした。心理検査が行われ，SCT，ロールシャッハテストなどで，情緒刺激による不安への防衛機制が強く働き，内面の葛藤に向き合えず現実回避や否認の傾向が強いことや依存的で退行しやすい性格特徴が指摘された。第2回入院後まもなく，夫の判断で自宅を転居した。父親は，退院後本人を実家で療養させたいと強く希望したが，本人も夫も退院後一緒に生活することを望んだため，8月に3回新居に外泊して，X年9月15日に退院した。通院し服薬していたが，1カ月後より家事が十分にできないと気に病むようになり，希死念慮も強くなって，10月29日，自宅近くの踏み切りに飛び込もうと徘徊しているところを発見されたため，10月30日，D病院に第3回目入院（医療保護）となった。この際，退院後まもなく再入院となったことで，父親が夫を責める場面があった。

　入院時，軽度の抑うつ状態であったが，入院したことで安心し希死念慮は認めなかった。Amoxapine 75mg, levomepromazine 25mg/日で落ち着いて経過したものの，前回の退院が早すぎて本人の負担になったことから，今回の入院では，リハビリテーション目的の作業療法に導入し，外泊を繰り返しながら，時間をかけて退院する方針となった。そのため11月13日，療養病棟に移り，担当医も変更となった。本人は「事件を思い出しそうになると本を読んで気を紛らわす」と言うなど，意識化を避けようとする構えがみられ，新しい担当医も，本人の人格面での未熟さにより葛藤処理が困難であると判断して，やはり子殺しに関しては直面化させない方針となった。X年11月末より院内の作業療法（手芸，調理など）に参加し始め，X＋1年1月より定期的（週1回）な自宅外泊を開始した。病棟内の対人関係も円満で，他患の世話を熱心にしていた。

○回復期「治療到達目標」の達成度

【生理】拘留中も，また抑うつ症状が一時的に増悪したときにも服薬していたため，睡眠障害や食欲低下は認められず，基本的な生活リズムは獲得できた。

【精神症状】入院中の保護的環境下では抑うつ的にならずに過ごせるが，自宅で家事をすることだけでもストレスとなり，希死念慮が強くなって自殺企図に及んでしまうという心理的には脆弱な状態にある。

【コンプライアンス】患者－治療者関係は良好であるが，依存的になる傾向があり，担当医がかわってもその点は同様であった。受療や服薬に対する理解，コンプライアンスには問題はない。

【対人関係】病棟スタッフに対しては従順，依存的である。他患との関係では，かいがいしく世話を焼くという形での関わり方が目立つ。受容的な夫への依頼心が強く，保護を求め必要としていることが強くうかがわれる。

【自己コントロール】衝動性，怒りなど激しい感情は認められず，その点での自己コントロールには問題ないが，自己の性格及び行動特性についての理解は深まらず，その点での自己コントロール能力は習得されていない。

【人格】内面の葛藤に向き合えずに回避・否認して防衛する傾向が心理テストで明らかになり，担当医に依存的で未熟な人格ゆえに当該行為の直面化が困難と判断される。アルコール依存の父親との間に表面化しない葛藤があり（母親については情報がない），それが人格形成の過程に影響してきたと思われるが，人格面へのアプローチはなされていない。

【自己イメージ】あまり言語化されないが，援助を必要とする他患への献身的な態度などから，意識下に罪悪感のあることや自己評価の低さが感じられる。

【生活】病棟内でのセルフケアは自立している。無理をしなければ病棟外での日常生活能力にも問題はないが，3回目の入院で，ある程度外泊を重ねるまでは自信がもてない状態であった。本来社会生活能力はあるが，子供のことを想起させる出来事や言動を極力避けようとする心理があるため，新しい生活環境や人間関係の中でどこまでもっている能力を発揮できるか，不明である。日常生活を心から楽しむこともまだ十分できない。

【外出・外泊・その他】希死念慮が認められなくなった時点で，夫や看護師と

の同伴の外出から開始し，単独での外出，さらに外泊と比較的早く行動範囲は拡大された。

[解説]
　本事例では，急性期治療が終了した段階で捜査が再開され，いったん退院となって医療機関での治療が中断された。さらに刑事処遇が決定した後の2回目の入院では，退院が時期尚早だったため，抑うつ症状が再燃して3回目の入院となり，合計3回の入院で，急性期，回復期，社会復帰期という段階を経過したといえる。
　重篤なうつ状態に陥ることはなかったものの，2回目の退院後まもなく希死念慮や自殺企図を招いた点は，治療の到達度評価が不十分で退院時期の判断を誤ったことによる。また，本人と父親との関係や，退院後の生活に関して父親と夫の間で齟齬があった点も，入院中に対処しておく必要があったのではないかと思われる。うつ状態からの回復という疾病の治療の視点からだけでなく，子殺しという，本人にとっても家族にとっても衝撃の大きい行為を行ったことからの心理的な回復，そして子を亡くした親のグリーフワーク（喪の仕事）の視点から考えると，やはり不起訴・再入院後2カ月で退院するのはあまりにも早すぎたといえよう。単に本人の病状だけではなく，社会復帰に対する心の準備や受け入れ態勢があらゆる面で十分に整っているかどうか，慎重に評価していく必要がある。
　医療観察法下の回復期治療では，急性期に引き続き司法精神医療プログラムに則った十分な疾患教育，心理療法，認知行動療法などが進められる。うつ病の対象者では，衝動性や怒りといった攻撃性のコントロールよりも，自己の生活史の振り返りや性格特性の理解，対象行為に対するグリーフワーク，回避や否認，あるいは罪悪感といった心理機制の理解と対処方法の獲得などが課題になる。本事例では，人格特性に関する医療者の理解は深められたものの，それがうつ病の発症や当該行為にどのように関連していたのか，本人の行動や対人関係のパターンの中で修正を必要とする点がないかどうか，というアセスメントはなされなかった。また，自己の精神疾患及び刑事処遇との関連性について

十分に説明されておらず，本人にきちんと理解されていない点も問題であった。多くのうつ病の子殺しの場合，医療者側も，特に自殺企図を招くことを怖れて，あえて当該行為について語ることを避けるという面もあるだろう。医療観察法下では，より専門的な安全管理が行われるため，こうした困難なアプローチも可能になると思われる。回復期の終了の目安は，安定した精神状態が続き，対象者の自己及び対象行為に対する内省がある程度深められ，家族調整も進んで退院後誰とどこでどのように生活するのかという方向性が明確になった段階ではないかと思われる。うつ病の対象者では暴力のリスクは低く，退院後の生活のイメージを早期に作っていくために有用であることから，外泊を比較的早期から開始することがあってもよいのではないだろうか。

3　社会復帰期

　外泊を重ねるにつれて家事に慣れ，自信をもつようになっていった。子の命日（3月9日）が近づくと思いつめた表情で涙ぐむなどしていたため，夫の意向で本人には子の一周忌の法要に参加させず墓参りもさせないことになり，その前後には外泊も中断した。しかし抑うつ症状や希死念慮が再燃することはなく命日を乗り越え，本人にはその後，解放感があるように感じられた。

　1月から開始された外泊は，ほぼ週1回，1～9泊のペースで合計20回繰り返された。自宅では家事を普通にこなせるようになり，今後の生活設計や趣味の活動にも前向きに取り組めるようになった。2人の子の仏壇に毎日お供えをして手を合わせることはしていたが，話題にしようとするとやはり動揺が認められるため，夫との間で子に関することは触れない状態がずっと続いた。夫自身，亡くなった子のことを思い，本人に隠れて号泣することがあると述べていた。夫は退院に対して不安を表明したが，家庭での生活が安定して送れるようになったため，担当医より通院治療への移行が可能と判断され，X＋1年5月25日，軽快退院となった。

○社会復帰期「治療到達目標」の達成度

【生理】基本的生活リズムは引き続き安定している。外泊を繰り返す中で，体力，意欲，持続力が向上し，家事をすることにも自信をつけた。

【精神症状】子の命日前には心的緊張の高まりはあったものの，社会復帰期全体を通してうつ病の症状の再燃はない。

【コンプライアンス】治療・服薬継続の必要性は十分理解しており，本人自身も医療者の援助を積極的に求めている。

【対人関係】病棟ではやはり他患の世話をするという形での関わりが多い。

【自己コントロール】攻撃性，衝動性といった問題はない。自己の性格特徴，行動特性の問題点を理解し，それに基づいて生活様式を考えていくといった自己制御の必要性は，ある程度理解されたもののまだ十分とはいえない。

【人格】夫も担当医も本人には直面化はさせられないと考えており，心理療法が行われていないこともあって，内面の葛藤や現実を回避する傾向は変わらない。

【自己イメージ】夫とともに生活していくこと，主婦として家庭・社会に帰っていく自己を，表面的には不安や葛藤を表明することなく受け入れている。心身の健康イメージはある程度獲得されている。

【生活】外泊を重ねて，自宅での日常生活は問題なく送れるようになった。また転居地で，かつて行っていた生協活動を再開したいという希望ももっている。

【外出・外泊・その他】外泊は通常の場合よりも回数が多く，20回繰り返された。

解説

本事例では，回復期の段階から外泊が開始されたため社会復帰期への明確な移行点は決められないが，すでに述べたように，早期に外泊を開始することは，自傷他害のおそれがないような場合には有用と思われる。しかし本人に対しても夫に対しても心理療法的なアプローチが行われていないため，根本的な問題が解決されないままに退院に至ったという印象は免れない。それが退院に対する夫の不安として表明されている。また退院後のサポートが通院治療だけである点も不十分である。

医療観察法下では，多職種による病状評価の結果に基づいて外出・外泊や退院が決定される。入院治療の終了を決定するにあたって，対象行為に対する対象者の内省が得られ，内的葛藤がコントロールされていること，家族調整や受け入れ態勢の準備が十分に行われていることが必要である。その点，臨床心理士，精神保健福祉士のアセスメントが重要となるだろう。退院にあたっては，社会復帰調整官が中心となり，指定通院医療機関との協働のもと通院治療計画を作成することになる。事例によっては，地域の保健師や児童相談所の関与が必要な場合もあり，事前の綿密な連携態勢の確保が重要である。

4　地域での処遇

　　退院後，月に1回規則的に通院し服薬していた。家事の他，徐々にパートで働き始め，ボランティア活動や趣味のサークルなどにも参加するようになった。経過良好のため，平成X＋2年11月（退院後1年半）からは抗うつ薬が中止されたが，通院は続けていた。
　　以降現在まで，うつ症状が再燃して3回，2〜6カ月の入院治療（医療保護入院）を必要とした。退院後通院や服薬は規則的に行うものの，安定するとボランティア活動やパート勤務に精を出すようになり，元来世話好きでいろいろな役割を引き受けてしまい，それがストレスとなってうつ病の症状が再燃して入院，という同じ繰り返しであった。入院時には希死念慮が強くなり，頭を壁に打ちつけるなど自傷行為が出現したり，「すべてをご破算にしたい」と言って病棟のベランダに行ったり，子を殺したことを他患に言いふらし攻撃的になったりして，毎回ECTが行われた。また，抗うつ剤が増量されると，軽躁状態になることもあり，担当医の1人に双極性障害を疑われたことがある。現在，最終退院から数年が経過している。外来担当医からは，折にふれ「オーバーワークにならないよう注意すること」と助言されている。

○「医療観察法による処遇終了時の状態像」に基づいた評価
○ 社会内存在の形式：夫と同居し，主婦として日常生活を送っている。
○ 精神症状：抑うつ症状は1〜2年に1回，オーバーワークになると再燃し，入院治療を必要とするほど増悪するという同じパターンが繰り返されている。その点，現実認識というよりも自己の行動特性の認識が不十分である。危機状況について関係者に伝えることができ，自殺のリスクが高まる前に入院するという対応はできている。遵法性はある。
○ コンプライアンス：規則的に通院，服薬することができる。関係者の援助を自分が必要としているとの認識はある。
○ 人間関係：夫との関係は良好で，治療者（途中で担当医交代があったが）との信頼関係も安定して確立している。人間関係の根幹に敵意や怨念はないが，自己評価の低さ（罪悪感もあり？）からか，過度に献身的になり自らストレスを作り出しているような面が見受けられる。
○ 依存：アルコール・薬物依存はない。
○ 生活面：セルフケアや生活リズムは安定して確立している。基本的に活動性が高く，地域社会における居場所探しや社会参加の実現に関しても自ら積極的に求めていく。しかし「ほどほどに」関わるという自己特性に応じた距離間がとれず，慣れてくると役割を引き受けたり，活動にのめりこんでしまう。うつ病の再発因子としても，人格や行動特性の問題点としても，これが重要な点であることが，通院精神療法においてもより注意を促されることが多くなった。食事，掃除，金銭管理，社会的手続きなどの能力には問題はなく，身体の自己管理も自ら行えている。落ち着いているときには，夫と海外旅行をすることもでき，生活を楽しむこともできる。

解　説
　本事例では，退院後1年半安定した状態が続いたが，その後活動範囲が拡大することによって，「自己の能力を超えて活動に熱中→ストレスから抑うつ状態が再燃→かなり重度のうつ状態に至り入院」ということが繰り返された。これは，初回発症時と同じ状況であり，当該行為時の入院中に自己の行動特性や

人格傾向，当該行為に対する洞察が得られなかったことが，うつ病の再発の誘因であることがわかる。他害行為のリスクが高まることはなかったが，症状増悪時には当該行為に対する罪悪感や自罰的言動・行動が顕在化しており，本人にとってグリーフワークが進んでいないことも明らかである。なお，双極性障害を疑った医師もいるが，軽躁状態は入院時に抗うつ剤が増量されたときだけに認められ，外来での経過中に明らかな躁状態を呈して入院したことはないため，基本的にはうつ病の再発を繰り返していると考えてよい。

　医療観察法下では，退院前から入念に通院処遇プログラムが準備され，3年（最長5年）間，地域の指定通院機関に通院することとなり，その際社会復帰調整官による精神保健観察が行われる。うつ病の対象者の場合，治療コンプライアンスに問題のあることは少ないため，社会復帰調整官の役割は，通院の監督というよりも生活環境調整に重点がおかれると思われる。入院中に開始された心理療法が家族の心理的なケアも含めて継続され，自己や対象行為に対する内省が深められることが，うつ病の再発防止だけでなく対象者の安定した社会復帰を維持する上で役に立つであろう。うつ病の対象者では，本事例のように同居する子がおらず，家族の十分な支援もあるなど安定した社会復帰を維持していくことが困難でない場合には，医療観察法による通院処遇はさほど長期間にならないと思われる。一般精神医療への移行も，比較的円滑に行うことができるであろう。しかしながら，対象行為に対する対象者本人や家族のグリーフワークには終わりがないといえ，一般精神医療の中でも長期間の支援が必要と考える。

5　共通評価項目

　ガイドラインに示された「共通評価項目」について，各時期の評価は以下の通りである（p.141「共通評価項目の解説とアンカーポイント」参照）。

共通評価項目の継時的変化

	入院前	急性期	回復期	社会復帰期	地域での処遇時期
精神病症状	0	0	0	0	0
非精神病症状	2	2	1	0	1
自殺企図	2	1	1	0	0
内省・洞察	2	1	1	1	1
生活能力	2	0	0	0	0
衝動コントロール	0	0	0	0	0
共感性	0	0	0	0	0
非社会性	0	0	0	0	0
対人暴力	2	0	0	0	0
個人的支援	1	0	0	0	0
コミュニティ要因	2	1	1	1	1
ストレス	2	2	2	1	1
物質乱用	0	0	0	0	0
現実的計画	1	1	0	0	1
コンプライアンス	0	0	0	0	0
治療効果	0	0	0	0	0
治療・ケアの継続性	0	0	0	0	0

6 まとめ

　うつ病による子殺しの事例を提示し，医療観察法下での治療のシミュレーションを行った。うつ病の対象者の場合，提示した事例のように，対象行為に対する内省を深めることがうつ病自体の長期予後にとっても重要であると考える。医療必要性の鑑定における判定基準，うつ病に特異的な精神療法プログラムの内容，家族療法や地域支援のあり方など，今後の検討課題は多い。

事例 ④

措置入院中，看護師に重大な傷害を負わせたため転院となった妄想型統合失調症への精神療法

【診断】統合失調症（男性）
　ICD-10：F20.0　妄想型統合失調症
　DSM-Ⅳ：295.30　統合失調症妄想型
【当該行為】傷害
【家族歴】父親は古物商を営み温厚な性格。母親は専業主婦であるが感情的になりやすい。兄は父親の仕事を手伝っているが，人付き合いが少なく，分裂病質人格障害が疑われる。
【既往歴】特になし
【生活歴】小学校・中学校のときから友人が少なく，学業成績も不良。高校2年頃，意欲低下が目立ち不登校となって中退。18歳時，親の勧めで自衛隊に入隊した。
【現病歴】

　X－9年2月（24歳時），札幌雪祭りの期間中に隊から逃亡し行方不明となる。X－8年7月，沖縄県にてカッターナイフで薬局の店員を脅かし，強盗未遂で逮捕される。精神障害を疑われ，精神保健福祉法第24条の警察官通報によりA病院に措置入院となり，統合失調症と診断された。X－7年7月，母親が「もう1年経ったね」と何気なく本人に言ったところ，包丁3本を母の首に突きつけ切迫した状態となった。X－7年7月8日，B精神科病院を受診し，統合失調症の診断で投薬を受けた。X－7年7月中旬，兄の車を無断で運転して日光まで出掛けたが帰宅せず，その帰りに，某市内の小学校で生徒に陰部を見せて騒動となり，警察に保護された。また同日，某駅前でも裸になって陰部を露出し派出所に保護された。X－7年8月14日，両親への暴力がエスカレートしたた

第Ⅳ章　医療観察法下での医療をシミュレーションした事例の紹介　95

め，家族がC精神科病院へ連れていこうとしたが，父親の首を締めるなどして車内で暴れたため，警察署員がC精神科病院まで搬送し，8月25日まで入院となった。退院後は，D精神科病院に通院したが，病状，家族への暴力が変わらないため，X－4年3月12日にD精神科病院に再入院した。X－3年1月30日，退院後も家族への暴力行為は変わらず，警察へ何度か通報されたが，母親が下肢を骨折する重症を負うまで放置され，X－1年5月19日，24条の警察官通報によって，B精神科病院にようやく措置入院となった。

　B精神科病院では隔離室に入室したが，入院時より，「言い方がむかつく」「ぶっ飛ばしてやりたくなる」「ぶっ殺したくなる」などの暴言が聞かれた。X－1年6月15日，態度が悪いという理由で看護婦の肩や背中を続けて殴り，X－1年9月5日には，作業療法士に自分の要求を聞かないと言って暴力を振るったり，看護婦に性交を要求したりした。X－1年9月11日，「ぶっ殺してやりたい」「皆を拷問にかけたい」と叫んで食堂に仁王立ちとなった。X－1年11月24日，世話を焼いていた歩行困難な高齢の患者の腹を蹴る。その後も些細なことで被害的になり，「人を殺したくなる」などと興奮することが頻回に続いた。X年4月8日，トイレットペーパーが足りないと不満を訴え，ナースステーションの窓の下を蹴り始め，制止しようとした看護師（身長185cm，空手2段，柔道2段）に殴る蹴るの暴行を加え，眼窩骨折の重傷を負わせたため，X年7月24日にA病院に措置入院のまま転院となった。

[解説]
　本事例は，医療観察法施行下であれば，X－1年5月19日に母親に対する暴力により24条通報された時点で，医療観察法の対象とされるべき事例であったといえよう。しかし，家族に対する暴力は一般に刑事事件となりにくいことから，X年4月8日のB精神科病院内での傷害事件に至るまで，医療観察法には上がってこない可能性もある。

仮に，母親への暴力の時点で医療観察法が適用された場合は，次のような経過をたどることが予想される。まず，家族の通報により警察官は警察官職務執行法第3条にしたがって本事例を保護する。警察は，事件が重大な他害行為に相当すると判断すれば，検察官に身柄を送致することになるが，この事例のように，精神保健福祉法の第24条にしたがって，まず都道府県知事に通報された上で書類送検されることもありうる。送検後は，検察庁や拘置所で責任能力の鑑定（起訴前鑑定）が実施され，心神喪失などの状態であることが認められれば，不起訴処分が確定し，医療観察法への申立てが行われ，その後，鑑定入院が行われることになる。

　本事例が精神保健福祉法の第24条によって措置入院となった場合は，不起訴処分が確定するまでの間，身柄はそのまま一般精神科病院に措置入院が継続され，その後，医療観察法への申立てが進められて鑑定入院が行われる可能性がある。この場合，効率性を考えると起訴前鑑定と医療観察法の鑑定入院が措置入院先の病院で連続して行われることになろう。

　一方，精神科病院内での傷害事件で医療観察法を適用する場合には，精神科病院の管理者が院内事件として警察に通報し，事件化しなければならない。本事例では，B精神科病院の管理者は事件化させることなく，自治体立病院であるA病院へ措置転院という形ですませてしまっていた。指定入院医療機関で対応をさせるためには，警察に届け出て事件として処理してもらう必要がある。病院管理者は，しばしば，管理責任上の問題から事件を伏せる傾向があるが，医療観察法が施行された現在，今後はそのような対応ですませることはなくなることが期待される。

　本事例からは，もうひとつのシナリオも読み取ることができる。母親への暴力の時点で，医療観察法が適用されたものの，鑑定入院中に前述したような看護師への傷害事件が生じた場合である。特に，鑑定入院を行う医療機関は指定入院医療機関のように十分なマンパワーやリスクに対する専門性も持ち合わせていないスタッフが多いことから，本事例のように，わずかな油断をねらって暴力の被害を受けるスタッフが生じる可能性は決して低くはないであろう。また，この事例のように人手が少ない一般の精神科病棟で，強制的な治療を行お

うとすれば，指定入院医療機関が目指している新たな精神医療とは逆行するような身体拘束や抗精神病薬の大量投与などの物理的手段に頼った従来通りの精神医療が初期から展開されてしまう可能性もある。

このように，鑑定入院は専門性の高い指定入院医療機関で実施するか，新たに専門の鑑定センターを設置して実施する必要があると考える。

1 急性期

> 転院後，すぐに保護室に入室。状態観察中，看護師が物品のやりとりを保護室のトイレ側の小窓を介して行ったことに対して信用されていないと立腹したり，ある看護師が脅していると述べたりする。また，看護師が5分間待ってくださいと言ったことや，父親が本人の希望する本をもってこないことに立腹し，憎しみが沸いてきたと怒声をあげたり，威嚇したりする。さらに，幼少時に母親から受けたしつけに対する憎しみを延々と語ったりする。このように，他者の言動を被害的に曲解して衝動的，威嚇的な行動をとり，家族に対する被害妄想に基づく憎悪をあらわにしていた。処方は前医の処方を増量する形で，haloperidol 24mg，chlorpromazine 550mg，sodium valproate 800mgを投与開始した。

○5軸による初期基本評価

① 疾病軸

発病以来，幻聴は認められず，主に被害関係妄想を主体とした妄想型統合失調症であると思われた。日蓮宗の信者であるが，妄想により独自の教義を展開しており，そのことでしばしば家族と対立していた。幼少時に母親から虐待を受けたという妄想が強く，母親との過去の出来事を妄想的に想起して，怒りをあらわにする。家族のみならず本人に関わる者に対して容易に被害念慮を抱き，自分に対し悪意をもっていると確信し，報復の機会をうかがうようなところがある。これらの妄想は直ちに修正を施さないと，本人の内面で徐々に確信度が

増していき，暴力による報復という最悪の事態に至る傾向がある可能性がうかがわれた。このような妄想に対して，薬物療法は治療抵抗を示していたように思われる。知的面は境界レベルのような印象があるが，心理検査のすべてを拒否しているため判定は困難であった。

　②　人格軸

　もともと猜疑心が強く，しかも執着心が強かったようであるが，発病前は，温かみや思いやりがあったと思われる。発病後より感情鈍麻が進行して他人の痛みを感じにくくなり，子供を食べてみたい，暴力をふるいたい，虐待をしたいなどと平然と述べるなど，暴力に対する願望が強くなった。反社会性人格障害と異なり，非行歴等行為障害の既往はなく，統合失調症発病後に人格変化をきたしたものと思われた。

　③　行動軸

　発病後に強盗未遂，母親への暴力，児童への性器の露出，他患者への暴力，看護師に対する傷害事件など同様の行為が反復継続していた。暴力そのものに対する憧憬があり，入院中もサンドバッグの持ち込みを執拗に要求した。他人と十分なコミュニケーションを図らずに，短絡的に被害感情を抱き，解決方法として暴力行為を選択する傾向がうかがわれた。

　④　生活軸

　高校中退後，自衛隊に入隊したが，病状悪化により長続きせず，本人は将来レンタルビデオ屋を営業したいという漠然とした望みがあるが，具体的な計画を立てることはできない。父親の仕事をたまに手伝うこともあったがほとんど留守番程度であった。清潔保持，身の回りのことは几帳面のため十分可能である。

　⑤　発達軸

　出生からの発育では発語にやや遅れが目立ち，学業成績も下位であり，知的能力にも問題があるようであるが詳細は不明である。幼少時より他人と交わることを避けており，さらに，長兄が分裂病質人格障害を思わせることから，なんらかの発達上の問題が関与している可能性は高い。

○急性期「治療到達目標」の達成度

【生理】睡眠，食欲には問題ないが，間食が多く，保護室に入室しているために適度な運動もできず，肥満気味である。

【精神症状】幻聴はまったくないが，被害妄想が長期にわたり体系化しており，訂正が困難である。独特の宗教観念をもつが，妄想との区別が困難である。相手の些細な言動を被害的に受け止め，怒りを爆発させるか，ひそかに憎悪の念をつのらせ，復讐の機会をうかがう傾向が強い。

【コンプライアンス】几帳面な性格のため，服薬は遵守しているが，その意味を十分理解しているとはいいがたい。コミュニケーションを丁寧に行えば治療関係の維持は難しくないが，恐怖心などから十分なコミュニケーションがとれない若手の看護師が被害妄想の対象とされがちである。

【対人関係】母親から虐待を受けたという被害妄想が強く，母親との面会で怒りを爆発させて怒りの制御が困難になるため，面会を制限する必要があった。対人緊張が強く，隔離室から外に出ることを拒む。他人から非難されている，馬鹿にされている，おかしいと思われるなどの被害念慮を抱きやすく，適切な対人関係の維持が著しく困難である。このため，本人には，不快な感情を抱いたときには，行動化する前に言葉で説明するように指導した。また，スタッフには，被害念慮を抱かれたと感じた場合，すぐに十分なコミュニケーションを図って，説明し，修正を行うことが重要であることを徹底させた。

【自己コントロール】些細なことで被害的になり，容易に怒りを爆発させ行動化するなど，衝動性が極めて高い。自身，他人に対する攻撃性を抑制するために布団や枕を殴るなどの対処方法を講じているが，怒りに対する洞察や内面化は困難である。

【人格】元来は穏やかな人格だったが，統合失調症の発病により，被害感情を抱いた相手に対する痛みや共感性に欠けるところがある。一方で，自宅で飼っている犬や動物に対しては優しい気持ちをもってかわいがる姿も見られていた。

【自己イメージ】著しい暴力的イメージに支配され，人を虐待したい，殴りたいと平然と訴える。入院前の病状が重い時期には，子供を食べたいと漏らす

こともあった。
- 【生活】几帳面な性格もあって，洗面，更衣，入浴などの身辺整理の自立はできている。間食が多く，父親に多くの食べ物を要求し，際限がないため，制限を設ける必要性が生じた。
- 【外出・外泊・その他】父親，兄との面会は問題ないが，母親との面会中に怒りを表出させることがあるため注意を要する。しかし，母親に対する妄想を訂正し，自宅で過ごせるようになることが退院する際の重要な課題と思われたため，患者との個人精神療法を重ねた上で，母親との面会を積極的に増やしていくこととした。

[解 説]

　本事例は，被害妄想が慢性化しており，他患者との些細なやりとりで容易に被害念慮を抱いて衝動的な暴力行為に及ぶ可能性が高いため，病棟構造と人員を考えると保護室での隔離はやむをえない処置であった。指定入院医療機関の病棟構造と人員であれば，急性期ユニットでの治療が十分可能であると思われる。しかし，急性期ユニット内での他患者との接触には注意が必要であり，ユニット内の個室から出るときは，常時，看護師が付き添う必要性があるだろう。

　抗精神病薬の投与量は明らかに過剰であり，当時も筆者は減量を望んでいたが，多剤併用大量投与療法に慣れ親しんだスタッフを説得することは著しく困難であった。例えば，減量した日の夜勤帯に患者の暴言や威嚇行為などがあると，看護スタッフは薬物の減量による病状の悪化と短絡的にとらえがちであった。また，このような治療に慣れている周囲の医師たちも同様の反応を示していた。患者は過食による肥満が強く，脂肪肝による肝機能障害や糖尿病の危険性もあり，すでに全身の倦怠感を訴えていたため，抗精神病薬の大量投与はこれらの症状を悪化させている可能性があったが，減量は断念せざるをえなかった。これらのため，スタッフには患者の暴言，威嚇，暴力がどのような原因で生じているのかを説明していく必要があった。通常の患者であれば，説明せずにすませられるようなことでも，本事例に対しては十分な説明と同意を求めていく姿勢が重要なこと，不十分な説明で被害念慮を抱かれたかもしれないと感

じたときは放置せずに丁寧に訂正をしていく姿勢が重要であることを伝えた。

2　回復期

> X年8月下旬から，午前，午後30分ずつ，スタッフ付き添いの上で隔離室からの開放を開始した。看護師がすぐに対応してくれないことに立腹し，ベッドを蹴ったり，物を投げつけるなどの威嚇行為は依然として認められた。また，兄や母親に対する憎しみが突然湧いてきたと叫び声をあげることもあった。しかし，それ以上の行動化をみせることはないため，9月下旬より，開放時間を午前，午後それぞれ1時間に延長した。この際，最初の30分間はスタッフが付き添い，最後の30分はフリーの状態で開放することにした。この頃より，意欲の低下を訴えるようになるが，暴力行為は認められないことから，X年11月8日に隔離室から個室へ移った。その後も粗暴な言動は認められず，精神状態も安定していたことから，11月30日には他害行為のおそれは消失したものと判断し，措置入院を解除，医療保護入院へ入院形態を変更した。12月5日，食事の下膳時に看護師から注意された際，その態度が気に入らない，殴り殺してやりたい気分がすると訴え，また12月7日には父親への物品依頼で電話をした際にも，よく話を聞いてもらえなかった，馬鹿にされたと怒り，個室のドアを乱打した。翌日には看護師にコップや枕を投げつけ，ベッドを叩くなどし，主治医にも「スタッフを殴りたい」と訴えるため，やむなく隔離室へ移動となった。

○回復期「治療到達目標」の達成度
【生理】睡眠，食欲には問題ない。間食が相変わらず多く，開放時間も少ないため適度な運動ができず，肥満傾向は変わらず。
【精神症状】母親に対する慢性的な被害妄想が持続している。独特の宗教観念と妄想が複合化している。看護師の些細な言動を被害的に受け止め，怒りを

爆発させる傾向も変わらない。しかし，意欲低下と抑うつ傾向がみられるようなる。

【コンプライアンス】服薬は遵守しており，退院後の薬物中断のおそれはあまりない。しかし，副作用による倦怠感が強くなっており，今後中断する可能性がある。このため，減量できるならば可能な限り減量すべきと思われた。

【対人関係】多数の看護師が一貫した対応をとるまでに時間を要した。特に若い女性看護師は恐怖心が先行し，十分にコミュニケーションがとれず，被害念慮を抱かれやすい傾向がうかがわれた。しかし，主治医，担当看護師，精神保健福祉士との関係は良好で，本人も信頼をおけるスタッフができたことを喜んでいるようであった。

【自己コントロール】被害的になりやすい点は急性期と同様であるが，本人なりに行動化を抑制し，ベッドや枕を殴る程度に抑えている。怒りを爆発させることで看護師，特に若い女性看護師が不安になり，十分に話し合うことができず，そこから誤解が生まれることを説明。被害的にとらえず，他の見方ができないかを常に説明していった。

【人格】当初の評価は変わらず，反社会性にみえる人格障害はおそらく統合失調症の慢性の経過によるものと判断した。

【自己イメージ】治療スタッフとの信頼関係により，暴力的イメージは徐々に解体されつつある。しかし，被害念慮が高じると，依然として暴力的なイメージにとらわれて殴りたいと訴える。

【生活】洗面，更衣，入浴などの身辺の自立は問題ない。間食に対する制限については丁寧に説明すれば了解でき，指示に従えるが，説明が不十分であると被害的になる。

【外出・外泊・その他】隔離室からデイルームへの開放を試み，隔離室から個室まで開放度が上がったが，他の患者とのコミュニケーションは著しく難しく，開放によるトラブルが懸念された。

[解説]

回復期において，被害念慮に基づく威嚇や暴言は減少してきたことから自傷

他害のおそれは消失したものと判断し，入院形態を措置入院から医療保護入院に切り替えた。しかし開放度が徐々に上がり，隔離室から個室へ移るなどにより対人交流が増えるにつれストレスが高まり，看護師への威嚇や暴言が増えてしまったことから，個室から隔離室に戻る結果となった。

　本事例の場合，指定入院医療機関での急性期ユニットから回復期ユニットへの移動が可能かどうかシミュレーションで想定することは難しい。この事例の病棟は男女混合の急性期閉鎖病棟であり，かつデイルームなども手狭で，パーソナル・スペースは明らかに狭い状況であった。このような治療環境であることから，対人緊張の高い本事例の場合，ストレスが高まりやすいことが原因であった可能性もある。指定入院医療機関の回復期ユニットは全室個室でかつ十分な空間を設けており，かつ，急性期の患者は原則的に存在しないため，対人交流によるストレスはずっと低く，本事例もこのユニットであればケアが持続できた可能性はある。

　回復期ユニットでの治療で期待されることは，些細なことを被害的にとらえて怒りを爆発させる問題に対して，認知行動療法を実施することである。本事例においても主治医や担当看護師は，他人と十分なコミュニケーションを図ることと，一旦，疑いをもったときには主治医や担当看護師などの第三者と話し合いをもち，他の見方がないかを相談するようにと指導してきた。このような方法を，より体系立てて行うのが認知行動療法であり，本事例の被害妄想と怒りの問題に対しても，本人がその問題を十分自覚できる時期にあるととらえられれば，認知行動療法を積極的に実施することが必要であり，医療観察法の新病棟ではそれが可能となる。

3　社会復帰期

　スタッフとのミーティングにおいて，隔離室から徐々に開放度を増して，個室，大部屋へ移すという常套的な治療計画では，本人のストレス耐性の低さから病状悪化を招いて，反対に退院の見通しが長期化すると考え，隔

離室から直接自宅へ退院させる方向に計画を見直した。本人にもその計画を伝えると，了解し，そのほうがよいという。

X年12月25日，初めて両親が来院し，面談。本人も笑顔で雰囲気良く終える。この際に，自宅への外出をスタッフを交えて計画する。X＋1年1月9日，父親，担当看護師，担当精神保健福祉士と初めて自宅へ外出する。特に問題となることなく帰棟し，外出中も表情良く過ごす。精神症状としては，外出が近くなると不眠，不安，焦燥感が強くなり，被害念慮も再燃する傾向があったが，威嚇などの暴力行為は認めなかった。1月28日に父親及び担当看護師と買い物に外出し，笑顔で帰棟する。2月6日には，父親と主治医同伴で外出する。2月15日には，父親と本人だけで外出したが，問題なく帰棟し，表情も良かった。2月25日，本人が「これまで悪いことをたくさんしてきたので，地獄に落ちるのではないかと不安になる。自殺は教義上許されていないため，生きていくとしても，どうやって生活していくかわからずに不安になる」と内省する言葉や現実的な将来の不安の訴えが聞かれるようになる。3月6日，自動車運転免許の更新手続きに父親と出かける。帰棟後，母親に対して，「母によくしてもらったこともあり，プラスとマイナスでゼロ」と初めて前向きな評価をする。この頃から，主治医，担当看護師による院内散歩を開始する。

3月25日，両親来棟。母親に対応面や言葉の表現方法に注意することを指導した上で，面会させ，両親同伴で外出する。明るい表情で帰棟し，隔離室は使用しながらも施錠はせず，全面オープンとする。その後，主治医は退職したが，本人は，外出，外泊を繰り返しながら，3カ月後，無事退院の運びとなった。最終処方は，haloperidol 18mg, chlorpromazine 500mg, sodium valproate 1200mg。

○社会復帰期「治療到達目標」の達成度

【生理】外出前にストレスが高まり不眠が強くなるが，頓用の睡眠薬で対応可能。外出や散歩の機会が増えてきたため，多少の運動ができるようになった。

【精神症状】母親に対する被害妄想は軽減してきている。独特の宗教観念は変わらないが妄想的な要素は減ってきている。被害念慮は，外出や将来への不安などでストレスが高まると強くなるが，持続することはなくなり，怒りを爆発させる傾向も少なくなった。将来の不安から，意欲低下と抑うつ傾向がみられる。

【コンプライアンス】薬物の減量により副作用による倦怠感が改善してきたことから，今後，薬物を中断する可能性はかなり少なくなった。

【対人関係】医療スタッフに対する信頼関係を作ることができたことをきっかけに，母親に対する被害念慮も減少し，両親との関係も改善した。他患者に対しての関係を築くことは困難で，自宅への退院を目指すこととした。

【自己コントロール】両親と和解し，外出も頻繁にできるようになり，さらに，外泊の目処も立ったことで，ストレスが軽減。これに伴って怒りを表出させる場面も著しく減少した。自己コントロールに対するゆとりが多少できてきた。

【人格】病前の優しい人格がみられるようになってきた。

【自己イメージ】治療スタッフ及び両親への信頼関係の回復により，暴力的イメージはほぼ解体された。しかし，将来に対する不安は強い。

【生活】洗面，更衣，入浴などの身辺の自立は問題ない。間食に対する制限についても了解できるようになってきた。

【外出・外泊・その他】隔離室から直接，外出，外泊を繰り返した。病棟内の他患者と交流をもたせることは今回の入院では断念した。自宅への退院が最も優先された。

[解説]

　回復期同様，社会復帰期においても隔離室を使用し，そこから外出と外泊を繰り返した。対人交流が極めて限定的であり被害念慮を抱きやすかったため，極力，他患者との交流は避け，自宅への退院を優先した結果である。回復期の解説でも述べたように，指定入院医療機関ではパーソナル・スペースが広いことから，このような策は必要なくなると考える。また，本事例の入院病棟は精

神科急性期治療病棟であり，入院期間を3カ月以内とされていることが影響している。もし，ある程度，時間をかけることが許されるのであれば，必要最小限ではあるが他患者との交流をも治療目標に据えることは可能であったかもしれない。

　本事例のように，暴力的なイメージにとらわれていた患者にとっては，家族も含めて，他人との十分なコミュニケーションを確立し，それによって信頼関係を築けるかどうかが治療の重要な鍵であった。薬物療法に関してはもっと減量することが可能であったと思われるが，スタッフの理解を得ることができず，入院当初とほとんど変わらないままであった。指定入院医療機関においては，薬物療法以外の心理療法，運動療法，作業療法も取り入れられ，他者との信頼関係の回復もさらに深められれば，薬物投与量はより減少させることができるのではないかと思われる。また，何よりも薬物を大量に使用せずとも，本人の心理的な葛藤を理解し，それに丁寧に対処していくことで，病状が改善することをスタッフとしては実感することが重要であろう。紹介元の病院のように，暴力的な患者に対して力で対処しようとするのは，治療的にはまったく効果がないばかりか，むしろ危険であることを，本事例は示している。

4　地域での処遇

　退院後，同じ病院の外来に父親同伴で規則的に通院し，服薬も遵守していた。自宅の自室に閉居がちであったが，精神症状は比較的安定し，粗暴な行為も特に目立たなかった。しかし，半年後，母親がやや感情的に本人に接したことで，被害念慮がつのり，大声をあげたり，物を投げるなどの暴力的な兆候が認められたため，一時避難的に再入院となった（医療保護入院）。しかし，1カ月ほどのレスパイトで安定し，再び家族のもとに帰り，現在も外来通院を続けている。

〇「医療観察法による処遇終了時の状態像」に基づいた評価
○社会内存在の形式：両親と同居
○精神症状：対人関係や将来に対する不安やストレスから被害念慮を抱き，被害妄想へと発展する傾向がある。慢性の経過で感情鈍麻が目立ち，共感性にやや欠ける点がある。
○遵法性：被害妄想の悪化により，怒りのコントロールが不良となると暴力の衝動性が高まる傾向があったが，コミュニケーションの改善により，他人への信頼と共感性が改善しつつあり，遵法精神もみられてきた。
○コンプライアンス：几帳面な性格のため，服薬は遵守。副作用による倦怠感を嫌っているため，減量による副作用のコントロールが重要である。
○人間関係：治療スタッフと両親，兄が対人関係の中心。当院の治療スタッフを信頼しており，治療関係は良好である。母親がやや high EE のため，本人への対応を誤り，被害念慮や怒りを誘発する傾向がある。このため，母親へ対応方法を教育していくことが重要である。父親と兄との関係は問題ない。それ以外の人間関係は乏しく，今後の課題である。
○依存：アルコールや薬物への依存はない。
○生活面：セルフケアや生活リズムは安定して確立している。基本的に，自宅で過ごす時間が長い。地域社会における居場所，社会参加の実現が課題として残されている。しかし，暴力行為の再発防止を優先させると，あまり大きな負荷をかけられない状況にある。治療スタッフと家族の関係を維持することが最優先されると思われる。買い物は父親と同伴で行うが，両親と同居しているため，食事，掃除，金銭管理，社会的手続きなどは両親に依存している。金銭に関するトラブルはない。援助・支援に対する否定的感情も聞かれない。宗教関係の読書，犬の世話などが生活の中心で，それを楽しむ余裕はある。身体管理については，外来受診時に，身体に関する諸検査は拒否せず受けている。

共通評価項目の継時的変化

	入院時	急性期	回復期	社会復帰期	地域での処遇時期
精神病症状	2	2	1	1	−
非精神病症状	2	2	2	1	−
自殺企図	1	1	1	1	−
内省・洞察	2	2	1	1	−
生活能力	1	1	1	1	−
衝動コントロール	2	2	1	1	−
共感性	2	2	1	1	−
非社会性	2	2	1	0	−
対人暴力	2	2	1	0	−
個人的支援	1	1	1	0	−
コミュニティ要因	1	1	1	1	−
ストレス	2	2	1	1	−
物質乱用	0	0	0	0	−
現実的計画	2	2	2	1	−
コンプライアンス	1	1	1	0	−
治療効果	2	1	1	1	−
治療・ケアの継続性	1	1	1	0	−

5 共通評価項目

　最後に，ガイドラインに示された「共通評価項目」について各時期の評価を行った (p.141「共通評価項目の解説とアンカーポイント」参照)。

　この表での点数の推移からは，事例にとって問題となっていた妄想を中心とする精神病症状，暴力行為に対する内省，怒りに対する衝動性のコントロール，対人関係や将来に対する不安から生じるストレスなどが一様に改善してきている様子は読み取れるが，どの要因が鍵となっているかがわかりにくい。本事例の場合は，家族や治療スタッフを中心とする対人関係におけるコミュニケーション上の問題から，「相手に理解されない」「馬鹿にされている」という被害念慮が生じ，それが「自分を憎んでいる」などの被害妄想へと発展し，不安と怒りの感情が蓄積され，暴力行為へと発展した。したがって，本事例では，治療スタッフと家族に対するコミュニケーション上の問題から生じるストレスをコントロールし信頼関係を深めることが，妄想や怒りの症状を改善する治療の鍵

となった。残念ながら，この表だけからは，このような治療のダイナミズムを読み取ることが難しく，治療計画を立てる場合には，十分な記述を加えていくことが必要となろう。

6 まとめと考察

母親に対する傷害事件で措置入院となった妄想型統合失調症の事例である。某民間病院に措置入院中に看護師に対してさらに傷害を負わせ，筆者の所属する公的病院に転院となった。9年前にも強盗未遂の重大な他害行為を行い措置入院となった経過があり，その後も性的逸脱行為や家族への暴力行為が続いていた。

転院時においても，些細なことで医療スタッフに対して被害妄想を抱く傾向が強く，放置すると，患者の内面で妄想が拡大し確信度が高まり，暴力による報復の機会をうかがうのが特徴的であった。このため，治療方針として，スタッフに患者が納得するまで丁寧に説明を行うことと，誤解を招いた場合には直ちに訂正していくことを基本的な姿勢とすることを徹底させた。また患者には，何か不快感を抱いた場合には，自分の内面に貯め込むのではなく，すぐに言語化しスタッフに伝えるように指導した。また，暴力の願望が生じてきた場合にも，そのことをスタッフに伝えて，相談していく姿勢を維持するように指導した。

このような治療方針を貫くことで，治療スタッフと患者間に徐々に信頼関係が築かれ，最終的には病状も徐々に安定していった。

本事例の場合，薬物療法はもちろん重要であったが，被害妄想や怒りの原因となっている対人場面におけるコミュニケーションの問題を丁寧に扱い，指導していくことで，精神症状の改善はもちろん，暴力行為自体も減少していった。また，家族に対しても，このような患者の病理を理解させ，コミュニケーションのもち方を指導していくことで，本人の病状はさらに改善し，自宅への退院が可能となった。

しかし，本事例では，いくつかの治療上の限界も示された。1つは，他患者

との交流をむしろ避けて隔離室から直接自宅へ退院させたことである。長期的な視点に立てば，いずれは本人も両親のもとを離れ，社会の中で生活を営んでいかなければならず，そのためには他人と適切な交流をする力を身につける必要性がある。本事例の病棟ではその構造上の狭さ，あるいは急性期男女混合という混沌とした雰囲気が本事例の社会性を養う治療には不向きであったといえる。医療観察法の指定入院医療機関においては，このような構造上の問題はクリアされているため，対人交流についても積極的に介入することができる可能性がある。

　また，もう一点は，薬物の投与量である。筆者の感触では，本例であっても十分な体制で臨めば，非定型抗精神病薬の単剤投与で精神症状の改善は見込まれると思われる。しかし，暴力的な患者に対して抗精神病薬を多剤併用で大量に用いることに慣れているスタッフは，非定型抗精神病薬の単剤での治療は脅威にすら感じていたようである。夜勤帯の看護体制などを考えると，どうしても薬物などで沈静化をさせておかないとスタッフの不安が解消されないことは理解できることである。指定入院医療機関の急性期ユニットでは，十分な看護体制で臨めるため，薬物量も相当減量できることが期待される。これによって，本人が苦痛に感じていた倦怠感などの副作用も軽減し，コンプライアンスや信頼感も増え，さらなる病状の改善が期待できる。

　最後に，被害妄想や怒りの問題に対して筆者や担当看護師が対処してきた治療アプローチは，多くは経験に基づくところが大きいが，これは若い不慣れなスタッフには身につけにくい。できれば，このようなアプローチを体系化し，教育によって身につけさせることができるような方法論を確立することが重要である。この問題の大部分は，おそらく，幻覚・妄想や怒りに対する認知行動療法を学ぶことによって解決されるところが大きいと思われる。この治療技法は，他害行為を行う精神障害の治療においても非常に効果的であることが，諸外国において検証されつつある。指定入院医療機関においても，このような治療技法を身につけた臨床心理技術者が，効果を検証しつつ実践し，看護師をはじめとする他の職種者にも教育していくことが望まれる。

事例 5

幻覚妄想状態及び興奮状態で，両親らを攻撃し死傷させた統合失調症患者
－精神病状態から脱した後も，複数の社会復帰阻害因子のために社会復帰計画が具体化できず，入院が長期化した事例－

【診断】統合失調症（男性A）
　［当該対象行為時］ICD-10：鑑別不能型統合失調症（F20.3）
　［現在］ICD-10：残遺型統合失調症（F20.5）
【当該対象行為】傷害致死（または殺人）及び傷害
【家族歴】精神疾患の遺伝負因はない。父親は元公務員。アパート経営もしており，比較的裕福であった。脳梗塞や糖尿病に罹患し，60歳以降は寝たきりの状態であったが，X年に本人によって殺害された（死亡時，60代後半）。母親は専業主婦（当該対象行為発生時，60代半ば）。姉は短大卒業後，数年のOL経験を経て結婚。以後，専業主婦（当該対象行為発生時，40代前半）。
【既往歴】特記事項はない。
【生活歴】
　B市で，同胞2名の第2子として成育。生育歴に特記事項なし。小学校，中学校とも成績中位。「明朗，快活，社交的，温和，実直」な病前性格。
　高1の3学期頃，無断外泊，通行人とのトラブルなどあり。高2で自ら希望して中退した後はバイト暮らし。21歳時，職業訓練校に入学し，順調に卒業。24歳時，定時制高校に編入し，3年間で卒業後，私立大学に進学したが，2年で中退。その後は工員，営業職などに就き，32歳から41歳で逮捕されるまでの約10年間は警備員として稼動していた。
　24歳のときに5歳年長の女性と結婚し，2子をもうけたが，30歳以降，

明確な理由なく，些細なきっかけで妻に暴力をふるうようになったため，32歳時に妻子が家を出て，まもなく離婚に至る。以後，実家近くのアパートで単身生活を送っていた。

飲酒は習慣性だが，アルコール関連障害はない。他の精神作用物質の使用歴は否定。

【現病歴】

30歳以降，明確な理由なく，短気で易怒的，粗暴な性格傾向が出現し，些細なきっかけで妻に暴力をふるうようになった。32歳時に離婚してからは単身生活をしていたが，

- 身の回りの世話を頼んでいた母親が部屋に入ったところ，「不法侵入だ」と怒鳴りつける
- 母親に対して「（両親が住んでいる）実家は自分のものだから，父親と離婚して（母親自身の）実家に帰れ」という手紙を送りつける
- 自己の履歴書や戸籍謄本を母親の友人に郵送する
- 実家に昼夜を問わず電話をかけて，脅迫まがいの口調で両親に金を要求する
- 直接，実家を訪ねて金の無心をし，金を渡さないと母親に殴る蹴るの暴行を加える
- 年金保険料や光熱費などの請求書を実家に送りつける（母親が約5年間にわたって支払いを肩代わりしていた）

といった異常行動が目立つようになる。困り果てた母親が警察や保健所を含む関係機関に相談したが，結局，受療には至らず。その一方で，警備員として稼動を続け，職場で時に些細なトラブルを起こしたものの，クビになることもなく，当該対象行為（37歳）の数日前まで出勤していた。

【当該対象行為の詳細】

X年8月（37歳），A名義の年金保険料支払用紙が役所から実家へ郵送

第Ⅳ章　医療観察法下での医療をシミュレーションした事例の紹介　113

されてきた。それまでの5年間は黙って支払いを肩代わりしていた母親
が，そのときはA宅にその支払いをするよう張り紙をした。翌日，Aが
母親に電話をかけてきて，「何で手紙を送りつけてきたんだ，すぐ来い」
と怒鳴りつけた。母親が「行けない」と断ると，まもなくAが木刀を手
に，土足で両親の家へ乗り込んできて，「金を50万円出せ」などと怒鳴
った。母親との押し問答のあげく，奇声を上げながら，木刀や手拳で両
親をめった打ちにした。実家の修理のために偶然，大工が現場に居合わ
せたが，彼に対しては，「手出しをするな」と脅しただけで，暴力をふ
るうことなく，「工事するんだったらガードマンつけなければ駄目だ」
などの状況に不相応な発言があったという。その後，Aは何も盗らずに
自宅に戻る。大工が救急車を呼び，両親は病院へ搬送された。母親は上
肢の骨折で数日間入院。父親は顔面や下肢に打撲を負っていたが，「ど
こも痛くない」と医師の診察を拒否し，隣家に住む親戚に伴われて帰宅。
その親戚が父親に食事を運ぶなどの世話をしていたが，事件から3日後，
自宅で死亡しているのが発見された。後日行われた行政解剖で頸髄損傷
が死因と認定された。

　母親から事件のことを知らされた姉が警察へ被害届を提出。警官がA
宅に赴いたが，Aはドアを施錠したまま，窓越しに「俺は何もしていな
い。親父がアパートの住人から家賃をとらないから文句を言っただけだ。
親父のほうから俺につかんできて怪我をした。木刀は親父のところにプ
レゼントしてきた」などの返答をして出てこなかった。警察はそれ以上，
捜査を進めることなく，刑事司法手続きは中断。姉は「家族間のことな
ので，警察が積極的に取り合ってくれなかったのではないか」との印象
をもったというが，真相は不明である。

　事件の数日後，Aが実家に乗り込んできて，そのまま居座ったため，
母親は親戚宅に身を寄せることになった。事件から約4年後のX＋4年7
月（41歳），警察がAを逮捕。両親への他害行為から逮捕までの間も，
警備員として稼動を続けていた一方で，実家近辺での奇行が近隣住民に

よって何度か目撃されている。

【逮捕後の経過】

逮捕時,「国家試験の勉強がある。勉強の邪魔をしにきたのか」「父親はニトログリセリンを飲んだ。病院で死んだんだよ」などと訴え,同行を拒否するも,暴力的な抵抗を示すことはなかった。取り調べでは,「両親を殴ったことは覚えていない。木刀を持っていったことは知らない」「父は病院で死んだ。父が死んだ理由は投薬…40歳からもっているニトログリセリンで死んだ。老衰です」「これは警察がでっち上げた冤罪」などと当該対象行為を否認し,辻褄の合わない供述に終始。留置所では,無言で壁や金網を見つめて長時間立ち尽くすといった奇異な行動も確認されている。

逮捕2週間後から約3カ月間にわたって,起訴前嘱託鑑定が行われた。病院への鑑定留置は行われず,拘置所に収容されたままであった。鑑定中,投薬は行われず。興奮や易刺激性,攻撃性は認められず,滅裂思考,非体系的で滅裂な内容の妄想,妄想追想,感情鈍麻,自閉性,常同姿勢(留置所での奇異な行動),現実検討能力低下が主症状であった。鑑定では,

- 統合失調症の診断
- 発症は30歳頃で,滅裂思考,妄想,感情鈍麻,自閉,人格水準低下,病識欠如などの症状を呈している
- 他害行為時,統合失調症の妄想状態にあり,行為は妄想と刺激性・興奮性の著しい亢進に基づく衝動行為であったと考えられえる
- 行為時,弁識能力と制御能力は喪失していた
- 精神科治療を要する

との判断が示された。

鑑定中の心理検査では,知能は正常域にあり(IQ = 102[WAIS-R]),ロールシャッハテストなどの結果から「外界との表面的な接触」「人格

水準は低下し，精神内界は空虚化」「表現における部分の関連づけや統合に障害」「連合弛緩の可能性」と指摘されている。

X＋4年11月上旬に鑑定終了。2日後に不起訴処分となり，同日，精神保健福祉法25条通報を経て，C病院の保護病棟（看護師は男性のみ16名。34床で2：2夜勤体制。病床の約半分が隔離室で構成されている閉鎖病棟）に措置入院した。

解説

本例は，30歳前後で統合失調症を発症し，それ以降，妄想や思考障害，被刺激性や衝動性，攻撃性の亢進を背景に，妻や両親への粗暴傾向が出現したために，離婚，両親（特に母親）への暴力や金銭要求，迷惑行為などのエピソードが繰り返され，事例性が昂じていったものの，約7年間にわたって精神科医療を受けることなく，ついに重大な他害行為に至ったケースである。その間，母親が警察や保健所を含む関係機関に相談したが，結局，受療に至らなかった。この背景には，脆弱な家族構成とキーパーソンの不在，警察の「民事不介入」的対応，地域精神保健福祉サービスの未成熟などを指摘することができよう。本例ではさらに，当該対象行為発生後も約4年間にわたって逮捕されることもないまま刑事司法手続が停滞していた。

逮捕後2週間で起訴前嘱託鑑定が開始されたことについては，Aの精神障害の性質や重症度，当該対象行為と精神障害との間に強い関連性が示唆されることなどを鑑みれば，妥当であったと思われる。起訴前鑑定は約3カ月間にわたって施行され，この間，病院への鑑定留置や薬物療法が行われることはなかったが，この手法についてもごく標準的であろう。ただし，刑事鑑定中の医療提供のあり方については，従来は鑑定の目的が最優先され，医療の提供が二の次にされることが少なくなかったが，鑑定対象者の医療を受ける権利との関係から，対象者が医療の開始遅延または中断によって不利益を被ることが明らかな場合には，勾留先施設（拘置所であっても病院でも）において鑑定人とは別の精神科医によって適正手続きに基づく適切な医療の提供が図られるよう配慮さ

れる必要があると思われる。

　本例では，診断が「統合失調症」であり，「行為時，弁識能力と制御能力は喪失していた」との鑑定結果を受けて，鑑定終了から2日後に不起訴処分が決定され，医療観察法施行前であったことから精神保健福祉法25条通報が行われている。医療観察法施行後であれば，この25条通報に代わって，検察官が地方裁判所へ申立て（法33条）を行い，おそらく同日中に当該地裁の裁判官から「鑑定入院命令」が出されて，Aは拘置所から「鑑定入院」医療機関に移送されることになる。

1　急性期［前期］（「鑑定入院」期）

　入院後は，対象行為についての妄想追想，連合弛緩，「陰性症状」があるものの，幻覚や新たな妄想の産出，させられ思考，精神運動興奮などは認められなかった。薬物療法はhaloperidol 9mg／日　内服から開始され，拒薬傾向はなかった。粗暴な言動は一切なく，穏やかに経過。入院当初は隔離室に収容されていたが，1週後に一般室へ移り，2週後には亜急性期閉鎖病棟（看護師は男女混合16名。48床で2：2夜勤体制）へ転棟，3週後に慢性期閉鎖病棟（看護師は男性のみ16名。44床で2：2夜勤体制）へ転棟した。

　その後も精神症状に変化はなく，精神病症状の再燃はみられなかった。好褥傾向のために，睡眠リズムが安定せず，随時，睡眠薬の追加が必要であった。

　当該対象行為について担当医から尋ねられると，「父親は過労で死んだ。死体の近くに木刀があった。母親がでたらめを警察に伝えたので逮捕された」と説明し，行為を否認していた。

　措置入院という処遇については表面的には納得しているようにみえたが，入院1カ月後，精神医療審査会に退院請求を行った（実地審査の結果，請求却下）。

○5軸による初期基本評価
① 疾病軸

　心身の発達に異常なく，養育環境にも特段の問題はない。標準的な知的能力を獲得し，比較的良好な病前性格や社会的適応能力を示していたが，30歳以降，妻や両親への粗暴傾向が出現。症状や経過の細部は詳らかではないが，この時期に統合失調症を発症したものと推測される。診断については，(i)非体系的な被害的・誇大的妄想，(ii)滅裂思考ないし連合弛緩，(iii)顕著な「陰性症状」，(iv)残遺性の人格変化，などの症状が長期間（少なくとも4年以上）持続していることから，統合失調症と考えられ，亜型は鑑別不能型とした（対象行為実行時の興奮及び逮捕後の留置所内での常同姿勢が，緊張病性の症状であったかどうかについては確認できなかった）。

　発症から当該対象行為に至るまで，易刺激性，易怒性，衝動性，攻撃性の亢進とこれらに起因する粗暴行為のために，妻や両親（特に母親）への暴力，金銭要求，迷惑行為などのエピソードが繰り返された。特に32歳以降は，自己の権益を過度に主張し，母親への敵意を繰り返し示して，暴力に及んだり，当然のことのように金銭を強要したり，履歴書や戸籍謄本を母親の友人に郵送するなどの異常行動が顕著となったが，これらの行動の背景には，前記の攻撃性亢進に加えて，母子関係や家族内での自己の地位，家督の相続権などに関連する被害的／誇大的妄想の存在と思考障害の存在が推測される。精神病症状や異常行動が次第にエスカレートしたものの，受療には至らず，37歳時，両親を襲撃したときにそのピークを迎える。逮捕されるまでに約4年を費やしているが，その間も，実家から母親を追い出して，そこに居座り，自宅周辺で奇行を繰り返していたことから，妄想や思考障害などの精神病症状が持続していたものと推測される。その一方で，精神保健福祉サービスや警察の介入を受けることもなく，警備員として稼動を続けてさえいた。X＋4年7月（41歳）の逮捕から，その後の起訴前嘱託鑑定の期間については，未投薬にもかかわらず，明らかな興奮や易刺激性，攻撃性は認められず，主な症状は滅裂思考，感情鈍麻，非体系的で滅裂な内容の妄想，妄想追想，自閉性，常同姿勢，現実検討能力低下などであった。X＋4年11月にC病院に措置入院した後もほぼ同様の状態であり，

まるで抜け殻のような残遺状態が遷延した。Haloperidol内服による薬物療法は，精神病症状の改善や再燃の予防に効果的であったと考えられるが，現時であれば，「陰性症状」改善の可能性を期待して，非定型抗精神病薬の投与を試みる余地があろう。

　②　人格軸

　病前性格については，本人，家族双方とも，「明朗，快活，社交的，温和，実直」と評価しており，高校1年頃の軽微な逸脱行為，高校2年での高校中退，大学中退を除けば，社会的適応能力は比較的良好であったようにみえる。24歳時に結婚し，30歳以降，統合失調症の発症にともなって粗暴傾向が出現するまでは安定した家庭生活も送っていた。飲酒は習慣性だが，アルコール関連障害はなく，他の精神作用物質の使用歴はない。人格障害は否定的である。

　③　行動軸

　高校1年時に軽微な逸脱行為があったものの，30歳頃に発症するまで，明らかな非行や犯罪，その他の異常行動は認められていない。

　発症後，衝動性や攻撃性の亢進，妄想などの精神病症状に起因する粗暴行為が家族（特に妻や母親）を対象に繰り返されるようになり，37歳時，ついに当該対象行為に至る。この行為は，統合失調症に起因する妄想状態と興奮状態が複合的に増悪したことに加えて，状況的誘因（それまではAの言いなりだった母親が張り紙でAに保険料支払いを催促し，電話でのAの要求を拒絶したことが，Aを「挑発」し，Aの怒りを増幅させた可能性）や社会的・対人関係的関連因子（高齢の両親［特に父親は寝たきり］とAという家族構成。近隣地域社会や精神保健福祉サービスからの介入欠如。Aの攻撃性に対抗できるキーパーソンの不在）が布置された結果と考えられた。

　偶然，現場に居合わせた大工に対して攻撃を加えていないことについては，家族に関連する妄想が攻撃行為の主要な駆動要因であったために攻撃対象が家族に限定された可能性とともに，著しい妄想状態や興奮状態にあってもなお，攻撃対象を選別するだけの認知能力や判断能力が保持されていた可能性が示唆される。

④ 生活軸

　高校中退後，ウェイターなどをしていたが，21歳以降は職業訓練校，定時制高校を順調に卒業。その後，進学した私立大学は2年で中退したものの，30歳前後で発症するまでは，工具，営業職として就労し，発症後も逮捕されるまでの約10年間は警備員として稼動していた。また，24歳時に結婚し，2子をもうけ，30歳で発症するまでは一般的な「家庭人」であった。これらのことから，発症までに基本的な日常生活能力や社会的能力は獲得していたと考えられる。

　対象行為後，母親は，Ａはもとより，治療者との関わりも拒絶している。姉の関与も得られていない。

⑤ 発達軸

　発達に関して特記すべき事項はない。

○急性期「治療到達目標」の達成度

【生理】睡眠リズムがやや不安定であったことを除いて，基本的生活リズムは回復。

【精神症状】連合弛緩，非体系的で滅裂な内容の妄想，妄想追想，意欲低下，感情鈍麻，自閉性などは残存していたが，幻覚や思考形式障害，精神運動興奮，あるいは新たな妄想の産出などは認められず。

【コンプライアンス】拒薬など積極的な治療拒否はしないが，病識や治療必要性の理解の程度は不明。退院請求については，入院そのものへの不服申立てなのか，「措置入院」という入院形態への不服申立てなのか，その意図は不明であった。

【対人関係】入院1週間後に隔離室から一般室に移るも，治療者や他患との交流は乏しく，限定的であった。母親や姉の面会はない。

【自己コントロール】「陰性症状」が前景化していたため，消極的な意味で自己コントロールは保たれていた。精神療法やグループワークなどは施行されていない。

【人格】起訴前嘱託鑑定での心理検査によって，「外界との表面的な接触」「人格水準は低下し，精神内界は空虚化」「表現における部分の関連づけや統合

に障害」「連合弛緩の可能性」と評価されている。入院後，心理検査は行われていないが，前記の特性は臨床的にも明らかであり，「明朗」で「温和」であったという病前性格を併せて考慮すれば，発症から当該対象行為実行時，その後の逮捕前後まで認められた攻撃的な行動特性は，統合失調症の急性症状そのものであったと考える。

【自己イメージ】急性精神病症状の消退にともなって，暴力的イメージは解体されたと判断される。現実検討能力は著しく低下していた。

【生活】病棟内での基本的な日常生活能力は保持されていた。

【外出・外泊】母親や姉は，加害者の家族であると同時に被害者自身（母親）であり，被害者（父親，母親）の家族（母親，姉）でもあるという二重の相対立する境遇におかれ，苦悩していた。しかし，治療者側に家族に対する心理療法の必要性に関する認識がなく，実施のための知識や資源も欠いていたため，家族の心理的ダメージの回復やAと家族との関係修復といった重要な課題は手つかずのままであった。外出は看護師1名との院内同伴に限定されていた。

解説

医療観察法では，この時期が「鑑定入院」期間に相当する。

措置入院時すでに著しい急性精神病状態からは脱しており，対象行為についての妄想追想，連合弛緩，「陰性症状」が前景に立っていた。粗暴行為や治療拒否はなく，表面上は穏やかに経過しており，精神保健福祉法のもとで運営されている精神科病院でも，入院1週間後には隔離室から一般室へ移動できている。

医療観察法の「鑑定入院」中の治療や処遇について，現時点までに明確なガイドラインは示されていないが，「鑑定」にあたっては，「病状及び治療状況から予測される将来の症状……を考慮する」（医療観察法37条2項）という法文を所与のものとすれば，将来，医療観察法による医療を施したと仮定した場合の病状の変化や治療効果を予測し，治療可能性を判定する目的で，鑑定医が必要と考える範囲の医療の試行が予定されていると考えるのが妥当であり，この事例では統合失調症という診断がほぼ確実なことから，少なくとも統合失調症

に対する標準的な薬物療法や看護ケア，支持的精神療法は行われるはずである。また，「鑑定入院」中の対象者のセキュリティーの確保については，「鑑定入院」が精神保健福祉法のもとで運営されている既存の精神科病院で行われることが避けられないとするならば，十分なリスク評価を行った結果，対象者の離院や自傷他害行為を確実に防止できると判断されるまでの期間は隔離室の使用が避けられないと思われる。本例のように比較的早期に急性精神病状態から脱し，「陰性症状」が前景化していて，明らかな粗暴傾向や治療拒否傾向のないケースであれば，平日の日中など看護師の勤務人数の比較的多い時間帯には隔離室から開放して，スタッフや他患者との関わり方や病棟内での行動の様子を観察する機会をもつことも可能であろう。ただし，他害行為の防止だけでなく，対象者のプライバシー保護の観点からも，他患者との交流に際しては，細心の注意が払われる必要がある。

　本例では，明らかな拒薬はなかったものの，当該対象行為について完全に否認し，病識もなく，入院1カ月後には退院請求をしていることからみて，Aが治療の必要性を理解していたとはいいがたい。医療観察法の「鑑定入院」の時点では，対象者の判断／同意能力の有無や程度に関して，適正手続きに則った判断が行われていないと考えられる。このような段階における非自発的治療については，「鑑定その他医療的観察」という目的に合致する限り容認されるとの論調もあるが，鑑定医がその施行に疑義を抱いた場合には随時，当該合議体の裁判官や精神保健審判員に相談をし，コンセンサスを得ることが望ましいであろう。「鑑定入院」中の非自発的治療に関するガイドラインの策定が望まれる。

　医療観察法の「鑑定」の目的は，対象者に関して，①精神障害（疾病性）についての評価，②医療観察法による医療のもとでの治療可能性についての評価，③「重大な他害行為」に関連する社会復帰阻害因子の評価を行い，それらを総合して，最終的に「医療観察法による入院医療の必要性」に関する意見を述べること（法37条3項），とされている。本例では，

　　○非体系的な被害的・誇大的妄想，滅裂思考／連合弛緩，「陰性症状」を主

症状とする鑑別不能型統合失調症と診断されること
○統合失調症という診断から，標準的な薬物療法による治療効果が期待でき，さらに，医療観察法のもとでの多職種チームによる継続的な手厚い医療を通じて，病識や治療動機づけの獲得，綿密な症状モニタリング，実効性の高い再燃予防対策，本人及び家族に対する心理社会的介入を行っていく必要があると考えられること
○「重大な他害行為」に関連する社会復帰阻害因子の評価に関して，①統合失調症の精神病症状と当該対象行為との間に直接的／間接的な因果関係が認められる一方で，病識を欠き，自己の精神障害と当該対象行為との関係についての理解も欠如していることから，円滑な社会復帰のためには綿密で継続的な再燃予防対策が不可欠である，②対象者の社会復帰を支援する立場にあるべき家族が同時に被害者でもある，という困難な状況を克服するための手段として，さらには被害者支援の促進という観点からも，家族への心理療法的なアプローチを臨床心理技術者や精神保健福祉士を中心に行っていくことが重要である，③将来，入院処遇から通院処遇へ移行した後も社会復帰調整官の継続的な関与を通じて医療の継続を相当程度保証できるという医療観察法の制度が，本例のような状況におかれた家族に安心感を与え，対象者の社会復帰を援助する役割を受け入れやすくさせる，と考えられること

から，医療観察法による入院処遇の必要性が認められる。
　審判に要する期間は，鑑定書作成の期間を含めて2～3カ月以内とされている。対象者がこの時期を既存の精神科病院で過ごすことは，対象者への積極的な専門的医療の開始がその分，遅れるというだけでなく，「鑑定入院」対象者を受け入れている精神科病院の人的，物的負担の増大も招く。「鑑定入院」対象者が，審判の結果次第では，近い将来，医療観察法の入院処遇を受ける可能性があるということは，「鑑定入院」医療機関に対して，指定入院医療機関相当の質の高い医療の提供と厳重で綿密なセキュリティー確保を暗に要請していると考えられるが，これを精神保健福祉法の法的枠組みと診療報酬制度の経済

的枠組みの中で運営されている既存の精神科病院に求めるのは甚だ非合理な話である。一方で，審判において，「入院によらない処遇（通院処遇）」または医療観察法の適応外と決定される可能性もあるということは，「医療観察鑑定医」や「鑑定入院」医療機関に，対象者への積極的な医療の提供を躊躇させることにもなりかねない。「鑑定入院」制度については，今後，さまざまな観点から再検討を要するものと思われる。

2 急性期［後期］及び回復期

　精神病症状の再燃はみられず，連合弛緩，「陰性症状」を主とする残遺状態が持続した。

　当該対象行為の後，滞っていた父親の遺産相続の問題について，入院後，家族と担当医，弁護士との間で話し合いが行われた。X＋5年9月，Aは家裁で禁治産宣告（当時）を受け，母親が後見人に選任された。母親自身はAとの関わりを怖れて相続権を放棄し，父親の遺産はAと姉で等分。Aは数千万円相当の実家の所有権を取得した。

　経過中，連合弛緩を標的症状としてhaloperidolが30mg/日まで増量されたが無効であった。X＋8年以降，haloperidolは漸減され，X＋10年2月以降，2mg/日で維持されている。

　X＋8年4月より，病棟外のリハビリテーション専用施設において，2回/週のペースで作業療法が開始された。セキュリティーへの配慮から，送迎はもちろん，活動中も看護師が同伴した。活動中は，茫乎とした表情，平板な表出，貧困な発語内容，不適切な言動，自閉性などが顕著で，活動を楽しんでいる様子はなく，他患との交流もなかった。X＋9年4月以降，明確な理由なく中断。

　X＋9年6月，担当医の判断で措置解除され，医療保護入院に切り替えられた。この際，後見人である母親に「保護者」を引き受けてもらうための交渉は難航した。母親は，Aから長年にわたって受けた暴力（当該対象

行為を含めて）に対する恐怖が未だに癒えておらず，Aに直接会うことができないでいた。家族の希望で，家族の住所や連絡先はAには秘匿にされているが，Aの行動の自由が拡大されることにともなって，母親の居場所を突き止め，再び母親に暴力をふるうのではないかと強く危惧していた。姉は担当医に対して，「Aに対する気持ちはとても複雑です。父親を殺し，母親に重傷を負わせたことについては今でも許せない。こんなところにずっと閉じ込められているのはかわいそうだと思うが，Aはまだ若く，体も大きくて力も強いので，正直恐ろしい。半身不随か何かになって，もう暴力をふるえない状態になるまでは退院させないで欲しい」と訴え，母親も同意見であった。このような家族に対して，担当医は共感的に接し，その心情に理解を示すと同時に，Aの社会復帰の必要性も粘り強く説いた。だが，家族の拒絶は強固なままであり，「当面の目標は単独外出まで。現時点では退院は視野に入れていない」と説明することで，ようやく，母親は不承不承，「保護者」を引き受けた。

同年7月以降，安全な単独外出の遂行を目標に，看護師主導で，「外出のための社会技能訓練（以下，外出SST）」の施行が開始された（1時間/1回/週）。担当医や看護師が中心となって，BPRS，Rehab-J，BSI（Behavioural Status Index），OAS（Overt Aggression Scale）などの評価尺度を併用しながら，精神症状，社会生活スキル，社会的リスク，病識，セルフケア，攻撃性についての評価を行い，単独外出の適否のための判断材料とした。同時期より，看護師の指導のもとで服薬自己管理が開始された。1回/月の頻度でhaloperidol血中濃度のモニタリングが行われており，血中濃度の低下はみられていない。

外出SSTを約3カ月間継続した頃より，担当医の判断によって，2回/週（30分/回）の院内単独外出を開始した。その後まもなく，病棟内での好褥傾向が軽減し，睡眠障害が改善した。外出SSTにはその後も継続参加しており，当初は受動的で消極的であった参加態度が，半年を経過した頃から徐々に変化し，他の参加者に建設的な助言を行うなど，リーダー的役割を

第Ⅳ章　医療観察法下での医療をシミュレーションした事例の紹介　125

　果たすことができるようになっていった。外出中の問題行動や精神病症状の再燃がみられないことから，外出時間を段階的に漸増し，X＋10年6月以降3回/週（90分/回）に，同年7月以降は3回/週（120分/回）の院外単独外出に，同年8月以降は5回/週になった。

　作業療法は，約1年間の中断の後，X＋10年4月以降，2回/週のペースで再開された。作業能力や問題解決能力についての評価は，「明確な枠組み内では能力を発揮できるが，曖昧な枠組みにおいて自己判断を求められるような場面では困惑を示し，能力の発揮が限定される」というものであった。対人交流やコミュニケーション能力については，「初参加の他メンバーへの援助，ゲームでのリーダーシップ発揮など対人交流がより自然になり，感情表出もより自然になった」と評価されている。

　Aは退院後の生活について，「所有している土地（入院している病院から片道2時間程度離れた場所）に建っている実家をリフォームしてそこに一人で住み，以前やっていたガードマンの仕事に復帰したい」と主張し，病棟からリフォーム業者に電話して資料請求したこともあった。このことから，Aが依然として，当該他害行為がA自身や周囲の人々に与えた影響や発症後の自己の精神機能の低下について正しい理解には至っていないことが示唆された。退院後の通院治療の意思については不明であった。

○急性期[後期]及び回復期「治療到達目標」の達成度

【生理】基本的生活リズムは安定。特に，単独外出ができるようになってからの改善が際立っていた。

【精神症状】精神病症状の再燃はみられず。当初，顕著であった「陰性症状」についても，外出SSTや作業療法などの心理社会的治療や単独外出（と，これに伴う行動範囲や自己責任の拡大）を通じて，明らかな改善をみた。「陰性症状」の改善については，大量投与されていたhaloperidolを，精神病症状の再燃をみることなく維持量まで減量できたことも影響していると考えられた。

【コンプライアンス】入院1カ月後に退院請求を行い，却下された後，再請求は行わなかった。外出SSTへの参加を契機に，良好な患者－治療者関係の確立という課題も軌道に乗り始めた。

【対人関係】当初は病棟内や作業療法の活動場面で治療者や他患との交流は乏しく，限定的であったが，外出SSTや作業療法への参加を通じて，対人関係能力の障害も徐々に軽減され，グループワークではスタッフや他の参加者から信頼され，リーダーシップを発揮できるまでになった。家族との関係は改善をみていない。

【自己コントロール】連合弛緩や「陰性症状」が主体の病像に変化はなく，衝動性や怒りの表出は認められなかった。

【人格】人格に関連する評価や治療的な働きかけは行われていない。

【自己イメージ】暴力的イメージの再燃はなかったが，現実検討能力低下のために，自己イメージは現在の自身の機能障害を考慮しない非現実的なものであった。

【生活】病棟内での基本的なセルフケア能力や日常生活能力は保持されていた。社会生活能力は当初，著しく損なわれていたが，外出SSTや作業療法を通じて，一定の改善がみられた。自己の精神障害や機能障害の理解や受容は依然，困難なままであった。

【外出・外泊】外出SSTへの約3カ月間の参加を経て，院内単独外出を開始し，外出中の言動やコンプライアンスを評価しながら，外出時間や行動範囲を段階的に延長・拡大した。家族のAの治療への拒絶は依然，非常に強いものであった。

【解説】

本例が，医療観察法の入院処遇の対象になると仮定した場合，Aはこの時期に「鑑定入院」医療機関から指定入院医療機関に移送されて，入院処遇が開始される。本例では，措置入院時すでに精神病症状はほぼ消退しており，その後も再燃はみられなかったため，この時点で一般的な意味での急性期はすでに過ぎているともいえるが，医療観察法の入院処遇の標準的モデルでは，急性期の

到達目標として，急性症状の改善だけでなく，多職種チームによる綿密な初期評価と初期治療計画策定，患者－治療者関係の構築，自己の法的／医療的立場についての対象者自身の理解の促進なども重視されていることから，当初の数カ月はこのような作業のために費やされることになるであろう。これが，本例でこのステージに「急性期［後期］」を含めた理由である。

　本例の場合，急性症状は比較的早期に消退し，攻撃性についても急性症状とほぼ併行して消退しており，その後も再燃をみていないにもかかわらず，措置入院が4年半あまりも続いた。しかも，この間に行われた医療や処遇の中身をみると，社会復帰を視野に入れた積極的な精神科医療の提供とはいいがたいものであった。この点については，もっと早い段階で措置解除をすべきではなかったかとの疑義が生じる余地もある。本例における措置入院長期化の背景には多くの関連要因があると考えられるが，たとえば，

○ Aの行った他害行為の結果があまりにも重大であったこと
○ 他害行為のリスク（いわゆる「自傷他害のおそれ」）に関する評価が一般に困難なこと
○ 措置解除の判断（判断の結果責任までも含めて）や治療手法の選択が，1～数年ごとに交代する担当医1人に一任されており，長期的展望に基づく継続的で一貫性のある医療の提供や多職種チームの多面的／総合的／包括的な関与といった要素が存在していないこと
○ A自身の病識欠如や現実検討能力障害の程度，家族から拒絶されている状況などから，措置解除後の医療継続や社会復帰の難航が容易に予測されること
○ 重大な他害行為を行った精神障害者であっても積極的な社会復帰を図るという治療思想そのものが従来，存在していなかったのではないかと思われ，そのための具体的方策も未成熟なままであること

などの影響を指摘することができよう。措置解除後，Aの治療は社会復帰の方向へ一歩前進し，外出SSTや作業療法への継続的な参加などを経て，院外単

独外出を安全に行えるところまで辿りついたが，医療保護入院の「保護者」の役割を，被害者としての心情を解決できないままAとの関わりを拒絶している母親が担うことによって，事態は新たなジレンマを抱え込むこととなった。

　Aが医療観察法による入院処遇を受けたとしたらどうなっていたであろうか。医療観察法が適用されたからといって，Aの他害行為の結果の重大性が変わるものではなく，他害リスク評価の難しさや社会復帰困難性が容易に解消されるわけではないであろうが，「社会復帰を促進」することを第一義的な目的とする医療観察法の制度のもとで，多職種チームアプローチを基盤にした継続的／計画的な医療の提供が十分なマンパワーをともなって行われたとすれば，少なくとも，本例のような長期間の医療の混迷や停滞を回避することはできたであろう。

　本例の場合，この時期，治療／社会復帰計画の眼目は，精神病症状の鎮静や改善から，再燃予防，そのために必要な病識や治療動機づけ，当該対象行為への内省の涵養，統合失調症にともなって生じた「陰性症状」をはじめとする精神運動機能障害の回復，現実的な社会復帰計画の策定，といった課題に移っていたはずである。具体的には，

- 精神病症状の再燃予防のための維持的薬物療法への移行／服薬自己管理の導入／再発防止プログラム（医師，看護師，臨床心理技術者，薬剤師）
- 病識や当該対象行為への内省の涵養のための診察やカウンセリング，看護ケア，心理療法的疾患教育，認知行動療法，集団精神療法，個人精神療法，作業療法（医師，看護師，臨床心理技術者，作業療法士，精神保健福祉士）
- 日常生活能力や社会生活技能，対処能力，問題解決能力の回復・向上のための看護ケア，グループワーク，作業療法，外出SST（医師，看護師，臨床心理技術者，作業療法士，精神保健福祉士）
- 具体的で実現可能な社会復帰計画の策定のための家族への病状，治療計画及び医療観察法制度についての説明，家族への心理療法／心理教育，対象者のニーズ／利用可能な社会資源に関する調査，家族の援助者としての機能に関する評価（医師，臨床心理技術者，精神保健福祉士，社会復

帰調整官）

　などが，この期に提供される医療の主軸となるであろう。これらの医療オプションは指定入院医療機関に充当される予定の豊富なマンパワーによって，集中的，同時併行的に提供される。さらに，上記の多彩な医療オプションはバラバラに提供されるのではなく，横断的には，情報が治療評価会議の場において多職種チームのメンバー間で共有され，各職種が連携を図りながら医療を提供していく過程を経て，また，縦断的には，定期的に開催される会議において実際に施行された医療の効果や副作用を綿密に事後評価し，必要に応じて治療計画の修正を図っていく過程を通じて，有機的に提供されることであろう。この医療のクオリティーは，「新病棟倫理会議」や「新病棟運営会議」，「新病棟外部評価会議」といったチームメンバー以外の学識経験者や非専門家委員が含まれる会議や指定入院医療機関の管理者（法49条）または対象者側（法50条）からの申立てに呼応して開催される審判（法51条）において第三者の視点から検証される過程を経てコントロールされる。

　外出については，本例でも，社会的リスクや攻撃性を含む事前評価と計画的，段階的な自由度の拡大という過程は踏んでいるが，医療観察法下では，社会復帰調整官の関与のもとで，多職種チームによって，退院までの道程を見据えた外出外泊計画が策定され，病院管理者を含む「新病棟運営会議」で検討された後に病院管理者がその適否を決定することになっている。このことによって，より慎重なリスク評価及びリスクを最小化させるための適切なマネジメント手段の事前準備が図られるとともに，意思決定過程の透明性の確保，事故発生時の責任体制の明確化も図られる。

3　入院後経過（社会復帰期）

　その後も精神病症状や攻撃性の再燃はみられず，非生産的ではあるが，穏やかでマイペースな生活ぶりであった。服薬自己管理，単独外出，作業

療法，外出SSTへの参加なども継続して行うことができていた。

　X＋10年4月以降，半年以上にわたって，担当医，担当看護師，担当精神保健福祉士と母親，姉との間でAの社会復帰の手順についての話し合いが数回行われ，そのうちの何回かはA本人も参加した。この過程で以下のことが明らかになった。

○ Aが依然として，母親に関する妄想を内包しており，母親が「後見人」「保護者」になっていることに反発（攻撃的になるわけではないが）して，母親の面前で「母親には母親自身の実家に戻って（母親の）兄と同居して欲しいです」などと感情を交えずに述べる一方で，姉については自身への援助者と認識し，比較的受容的な構えをみせること
○ 母親は姉や治療者が一緒であればAと同席することが可能になったが，いまだに面会前になると強い恐怖や動悸，発汗などの自律神経症状が生じ，Aとの関わりを回避したいと考えていること
○ 姉は母親の心情を理解し，母親を擁護する一方で，Aの障害や当該対象行為の司法精神医学的背景についての治療者側からの説明にも徐々に理解を示し，「自分にできる範囲内で」，Aの援助者としての役割を引き受ける意思を表明するようになったこと
○ ただし，姉にしても，Aに対する恐怖が完全に払拭されたわけではなく，姉自身の家族の理解も得られにくいと感じており，また，C病院から比較的遠方に居住していることなどから，Aの援助者としての役割をあまり多くは期待できないこと
○ 既存の精神科医療の枠組みの中でさまざまな治療的働きかけを行ったが，Aの病識や当該対象行為への内省を深めることは非常に困難であり，このような現状を前提とした社会復帰計画を策定する必要があること

　この過程で，C病院内の社会復帰（開放）病棟またはC病院に隣接するD精神保健福祉センター入所訓練部門の利用なども検討されたが，転棟や

転院にともなって担当医や治療スタッフが交代することに家族が不安を示したことや，Aが日常生活能力を比較的十分に保持しているため，Dセンター入所訓練部門が掲げる「日常生活能力の習得」という利用目的に合致しないことなどの理由で，現在入院中の慢性期閉鎖病棟からの退院計画を進めることになった。具体的には，Aが所有している土地を売却してC病院近くにマンションを購入し，その後，自宅マンションへの外泊訓練を繰り返しながら，適切な時期に退院するというものである。退院後は，C病院の外来（現在の担当医が引き続き治療を担当）に通院し，併せてC病院の訪問看護と外来作業療法またはデイケアを利用することとした。この計画についてはAと姉も同意した。

X＋11年1月中旬，Aと姉，母親，担当看護師の4人で，Aが相続した実家を見学するために外出。これは1年以上前からAが希望していたことであったが，家族が，Aが近隣住民と遭遇して住民に不安を与えることや，当該対象行為の現場を見ることによってAの精神状態が動揺することを恐れたため，それまで延期されていた。外出時，Aは実家への退院に固執せず，そこを売却して病院近くにマンションを購入することを自ら宣言したという。

X＋11年2月上旬，姉，成年後見監督人（母親の代理人である弁護士），担当医，担当精神保健福祉士とで会合。後見人を母親から姉に変更した上で，Aの所有する土地家屋を売却し，その代金で病院近くにAが単身生活をするためのマンションを購入する手続きを進め，一連の手続きが完了した後で，「被後見人」という民法上のAの身分の妥当性について再検討することとした。

X＋11年5月，姉が後見人に選任された。自宅マンションの物件選びに際しては，Aと姉夫妻とで不動産会社を回ったが，不動産屋に勧誘されるままに物件の十分な吟味もせずに即決しようとするAに対して，姉がうまく舵取りをして，数件の物件の中から最も適当と思われるものを選択。7月上旬に不動産の売却と自宅マンション購入手続きが完了し，姉夫妻の協

力で実家に置いたままだったAの荷物を自宅マンションに運び込んだ。

　その後，平日の日中を利用して，担当看護師同伴で自宅マンションへの1時間程度の外出を1回繰り返した後，X＋11年7月中旬に入院形態を医療保護入院から任意入院に変更。単独で2回の自宅外出を行った後，単独外泊を1泊から開始し，徐々に宿泊期間を延長。外泊中は退院後に予定されているスケジュールにしたがって，平日3日間はC病院の作業療法部門を利用し，外来通院が予定されている曜日には病棟を訪ねるという約束を交わした。また，退院後にAの担当となる訪問看護師が，事前に病棟で開催されたAに関するケースカンファレンスに参加し，Aとも病棟内で面接して顔見知りになった後に，外泊中のAを自宅に2度訪ねた。Aは計画を順調にこなした。同年8月中旬から2週間連続で外泊し，この間も計画を遵守できたため，そのまま9月上旬に退院となった。

○社会復帰期「治療到達目標」の達成度

【生理】基本的生活リズムや睡眠リズムは継続的に安定。単独外出や作業療法への参加が生理的リズムの安定に寄与しており，さらに基礎体力や身体感覚の回復にも効果的であった。

【精神症状】精神病症状の再燃はみられず。意欲や集中力，持続力についても大幅な改善をみたが，姉の意見をもとに発症前のレベルと比較するとまだ相当な機能障害が残存しており，退院後も作業療法やレクリエーションなどの環境療法を継続していく必要性があった。

【コンプライアンス】病識や治療必要性の理解の程度については依然として評価が難しいが，服薬自己管理，治療計画への協力態度，単独外出／外泊中の行動を見る限り，少なくとも受動的な意味でのコンプライアンスは継続的に確認できた。

【対人関係】社交性や積極性はないものの，病棟内やグループワーク，作業療法などの場面で必要とされる程度の対人関係は確立し，維持できていた。

【自己コントロール】衝動性や怒りの表出は今回の入院期間を通じてまったく

認められなかった。しかし，病識や当該対象行為についての内省が深化できなかったことから，自己コントロール能力を維持するための精神病再燃予防の重要性や自己コントロールの限界についての理解は不十分であった。

【人格】病前性格のうち，「明朗，快活，社交的」などの特徴は，統合失調症の影響で失われ，軽度の残遺状態が前景化している。

【自己イメージ】現実検討能力障害のために，自己イメージは現在の自身の機能障害を考慮しない非現実的なものであったが，退院後すぐに以前やっていた警備員の職に戻るという従前の希望に固執することはなくなり，「退院後しばらくは仕事よりも社会生活に慣れることを優先して，リハビリに専念しましょう」との治療者や姉からのメッセージを少なくとも表面的には受け入れて，協力しているようにみえた。

【生活】病棟内での基本的なセルフケア能力や日常生活能力は保持されており，単身生活も可能なレベルと考えられた。万全を期すために，退院後は訪問看護師や姉が定期的に自宅を訪ね，日常生活能力の評価や必要な指導と援助を継続的に行っていくことになり，A自身もこの計画に同意した。社会生活能力や判断能力の障害についてはなお十分に回復したとはいえず，特に判断能力の障害に関しては，マンションや貯蓄などの所有財産を適正に保全・管理するために，退院後も引き続き，成年後見制度の利用が必要と考えられた。ただし，退院時点では，治療を通じて判断能力もある程度まで回復しており，「事理を弁識する能力を欠く常況に在る（後見）」とまではいえないことから，本人の自己決定権をより重視できる「保佐」が妥当と考えられた。退院後，姉が保佐開始の申立てを行う予定になっている。

【外出・外泊】院外単独外出を順調に継続し，自宅マンション取得後は計画的に自宅への外泊を繰り返した。自宅への外泊は退院後の生活のシミュレーションという意味で，Aだけでなく，家族や治療者にとって非常に重要な過程であった。

[解 説]
他害行為を行った精神障害者の円滑で適正な社会復帰のためには，精神症状

の改善と一定期間以上に及ぶ精神状態の継続的な安定だけでなく，対象者が必要なときに必要な医療を自発的に求めることができるようになること，あるいは精神障害に起因する同意能力の障害のためにそれが困難な場合には，対象者の人権に十分配慮した上で医療継続のための適切な援助体制が整備されることが不可欠であろう。本例では，第一の条件は比較的早い段階でクリアしていたが，病識や治療動機づけの獲得が困難であったために，その欠陥を補完するための援助体制の構築が重要な課題として残った。このような場合，従来であれば，家族に患者をむりやり押しつけ，同居を求めるといった方法（「インフォーマル・ケア」の強要）がとられることが多かったように思われる。しかし，本例のように，発症後，家族に対する攻撃行為や迷惑行為を数年来続けたあげく，家族を被害者とする重大な他害行為に及んだようなケースでは，被害者としての家族への十分な援助やケア（必要な場合には被害者への精神医学的治療を含む）を図った上で，家族が自発的に患者の援助者として機能してもよいと思えるような環境を整えていく必要がある。

　医療観察法の入院処遇の場合であれば，入院後の全期間を通じて，多職種チームと潤沢なマンパワーを背景にした多彩な治療オプションが提供されることによって，病識や当該対象行為に関する内省の涵養がより前進する可能性があり，自発的な医療の継続もある程度期待できよう。しかし，統合失調症では一般に種々の心理社会的治療を長期間施行してもなお病識の獲得が困難な場合が少なくなく，また，精神病状態の極期において他害行為に及んだAのようなケースでは，行為時の記憶が，意図的な虚偽や適応機制としての否認といった要素だけでなく，幻覚や妄想，思考障害，興奮などの精神病症状そのものの影響を受けて，さまざまな程度・性質の障害を被っている可能性が高いため，対象行為への内省の獲得という課題も一筋縄ではいかない場合が多い。比較的早い段階から，対象者の病状だけでなく，病識や治療意欲，当該対象行為への内省についても詳細な評価（医師，臨床心理技術者）を行い，対象者が退院後に利用可能な社会復帰のための人的援助や社会資源に関する情報を収集（精神保健福祉士，社会復帰調整官）しながら，設定条件の異なる複数の社会復帰計画を同時併行的に練っていくことが現実的であろう。また，被害者としての家族に

対する援助やケアという課題については，急性期から，担当医や臨床心理技術者，精神保健福祉士らが中心となってさまざまな働きかけを開始し，必要な援助を行っていくものと思われる。

　本例では退院後も入院中の担当医が外来治療を継続することになったが，医療観察法においては，対象者の居住予定地最寄りの指定通院医療機関にバトンタッチされる。医療の一貫性や継続性を確保するという観点からは，入院中に担当していた治療チームが退院後も継続して医療に当たるのがよいのであろうが，一方で，対象者の治療が，本人が住み慣れていて，家族や友人といった援助者も近くに住んでいるような地域内で行われるのが望ましいこと，指定入院医療機関が必ずしも各地域に存在しているわけではなく，マンパワーに関しても通院治療まで考慮に入れて配置されているわけではないことなどを考えると，指定通院医療機関への引き継ぎが避けられないであろう。この際，指定入院医療機関で得られた診療情報が細大漏らさず，通院予定先の指定通院医療機関側に提供されることはもちろん，入院処遇中に行われる社会復帰・処遇実地計画の策定の段階から，指定通院医療機関の治療チームが，保護観察所の開催する「ケア会議」だけでなく，新病棟内で行われている治療評価会議や運営会議などにも積極的に関与して，地域の実情を踏まえた現実的な調整が行われること，さらに，対象者との面接を通じて，文字通り「顔見知り」の関係になっておくことが重要である。Aの場合，父親の遺産を相続（これは，しかし，当該対象行為の直接の結果でもある）したために，住居の確保はそれほど難しくはなかったが，Aほどの経済力のない，しかも家族から拒絶されているような対象者の場合には，居住先を確保するのは至難の業であろう。社会資源の拡充のための財政的手当や地域住民への啓発活動，居住地確保のためのノウハウの蓄積など，今後に残された課題は多い。

4　共通評価項目

　最後に，ガイドラインに示された「共通評価項目」について各期の評価を行った（p.141「共通評価項目の解説とアンカーポイント」参照）。

共通評価項目の継時的変化

	入院前	急性期	回復期	社会復帰期
精神病症状	2	2	1	1
非精神病症状	2	2	2	1
自殺企図	0	0	0	0
内省・洞察	2	2	2	2
生活能力	2	2	1	1
衝動コントロール	2	2	1	0
共感性	2	1	1	1
非社会性	0	0	0	0
対人暴力	2	0	0	0
個人的支援	2	2	2	1
コミュニティ要因	0	0	0	0
ストレス	2	2	1	1
物質乱用	0	0	0	0
現実的計画	2	2	2	2
コンプライアンス	2	2	2	2
治療効果	−	2	1	1
治療・ケアの継続性	2	2	1	1

　この表での点数の推移をおおまかに見てみると，治療ステージの進行とともに全般的に改善傾向が示されている。一方で，社会復帰期においてもなお，「内省・洞察」が2（明らかな問題点あり）に留まったのを始め，精神症状や生活能力など多くの項目で「軽度の問題（＝1）」を抱えたまま退院に至っており，退院後も医療継続のための継続的な援助が重要であることがわかる。

5　まとめ

　本例は，30歳前後で統合失調症を発症し，それ以降，妄想や思考障害，被刺激性や衝動性，攻撃性の亢進を背景として，妻や両親への粗暴傾向が出現したために，離婚，両親への暴力や金銭要求，迷惑行為などのエピソードが繰り返され，事例性が昂じていったものの，約7年間にわたって精神科医療を受けることなく，ついに両親に対する重大な他害行為に至ったケースである。約4年

間の刑事司法手続の空白の後に逮捕されたが，不起訴となり，精神保健福祉法25条通報を経て措置入院となった。比較的早期に精神病状態からは脱したものの，思考障害や「陰性症状」が長期間残遺し，病識や治療動機づけ，当該対象行為に関する内省の獲得が困難であったこと，家族が被害者であったために家族からの援助が得られにくかったことなどから，社会復帰計画が具体化せず，入院が長期化した。医療観察法下であれば，多職種チームアプローチと潤沢なマンパワーを背景に，多彩な治療オプションが綿密な評価と組み合わされて，同時併行的，集中的に提供されることが期待され，上記の課題がある程度，解消に向かう可能性が高い。一方，医療観察法のもとで十分な医療が提供されたとしてもなお，病識の獲得が困難であったり，あるいは家族の協力が得られないような場合も想定される。このような場合には，対象者の人権に十分配慮した上で医療継続のための公的な援助体制の確立が必要となるが，ここで医療観察法の通院処遇制度の果たす役割は非常に大きい。ただし，通院処遇は通常3年間，最長でも5年までとされており，早晩，精神保健福祉法下での地域精神医療システムへの移行が必要になることから，医療観察法の円滑な運用のためにも，地域精神医療全般の拡充という課題の重要性がますます高まることになるであろう。

◘引用文献

1) 武井満, 鈴木邦人, 阿部智：精神科急性期医療における4段階治療論－ハード救急の現場から. 精神経学誌, 99; 881, 1997.
2) 武井満：精神科治療構造論（その1）. 精神科看護, 25(4); 72-74, 1998.
3) 武井満：精神科治療構造論（その2）. 精神科看護, 25(5); 72-74, 1998.
4) 武井満：精神科治療構造論（その3）. 精神科看護, 25(6); 74-76, 1998.
5) 武井満：精神科治療構造論（その4・最終回）. 精神科看護, 25(7); 72-74, 1998.
6) 武井満：精神保健福祉法通報制度の問題点と司法精神医学的課題－触法精神障害者治療の現場から. 精神医学, 44(6); 619-625, 2002.
7) 武井満：治療構造論からみた「社会復帰期」－6つの保障の視点を中心に. Quality Nursing, 8(7); 565-570, 2002.
8) 武井満：日本の精神医療と触法精神障害者問題. 犯罪と非行, 137; 23-46, 2003.
9) 武井満：精神医療大改革は始まるか－心神喪失者等医療観察法案成立を受けて. 日精協誌, 22(10); 32-36, 2003.
10) 武井満：厚生労働科学研究研究費補助金こころの健康科学研究事業, 触法行為を行った精神障害者の精神医学的評価, 治療, 社会復帰等に関する研究 平成15年度総括・分担研究報告書（主任研究者：松下正明）分担研究報告書 触法精神障害者の治療プログラムに関する研究（分担研究者：武井満）, 253-280, 2004.
11) 武井満：厚生労働科学研究研究費補助金こころの健康科学研究事業, 触法行為を行った精神障害者の精神医学的評価, 治療, 社会復帰等に関する研究 平成16年度総括・分担研究報告書（主任研究者：松下正明）分担研究報告書 触法精神障害者の治療プログラムに関する研究（分担研究者：武井満）, 149-283, 2005.

◘参考文献

1 武井満:精神科救急と刑事司法の接点-その司法精神医学的課題と対策-. 精神科治療学, 18巻増刊号; 198-204, 2003.
2 武井満:医療観察法による医療の考え方と指定入院医療機関の治療. 日精協誌, 24(4); 45-52, 2005.
3 武井満:厚生労働科学研究研究費補助金こころの健康科学研究事業, 触法行為を行った精神障害者の精神医学的評価, 治療, 社会復帰等に関する研究 平成17年度総括・分担研究報告書(主任研究者:松下正明)分担研究報告書 触法精神障害者の治療プログラムに関する研究(分担研究者:武井満), 211-312, 2006.
4 武井満:刑罰法令に触れる行為をめぐって-その処遇システム-. 武井満編:精神医学と法. こころの科学, 132; 83-88, 2007.
5 武井満:厚生労働科学研究費補助金(こころの健康科学研究事業), 他害行為を行った精神障害者の診断, 治療及び社会復帰支援に関する研究 平成18年度総括・分担研究報告書(主任研究者:山上皓)分担研究報告書 他害行為を行った精神障害者に対する入院医療に関する研究(分担研究者:武井満), 87-154, 2007.

共通評価項目の解説とアンカーポイント（第1次案） 2005.2.26現在

　医療観察法医療必要性の判断根拠や基準をより検証可能にし，また治療が始まった場合には多職種チームでの評価や，入院・通院・再入院・処遇の終了などの様々な局面で継続した評価を行うために，共通評価項目を設定する。この評価は疾病性や治療反応性を基礎とし，リスクアセスメントとそのマネジメントに注目して作成される。
　共通評価項目は以下の17項目と個別項目とする。

共通評価項目

「精神医学的要素」	「環境的要素」
・精神病症状	・個人的支援
・非精神病性症状	・コミュニティ要因
・自殺企図	・ストレス
	・物質乱用
「個人心理的要素」	・現実的計画
・内省・洞察	
・生活能力	「治療的要素」
・衝動コントロール	・コンプライアンス
	・治療効果
「対人関係的要素」	・治療・ケアの継続性
・共感性	
・非社会性	
・対人暴力	

評価項目の使用法

1. データベース項目とは異なり，本評価項目は，治療導入前から治療中，退院後のフォローアップを通じて定期的に評価し続けるものである。そのため，項目は全て可変（dynamic）なものとする。
2. 評価は現在の状態を反映したものであり，多職種チームの評価に準じた期間での状態変化を考慮する。毎週の検討の際は1週間の状態，月例の検討では1ヶ月，半年間の検討の際は半年間を総合した状態を評価する。初診時評価に関しては，長期的なマネジメントが重要となるため，対象行為の半年前から入院観察期間中を含んだ評価とする。鑑定時の評価では，治療必要性の判断材料とするため現在の状態評価が重要であり，鑑定入院期間に観察された状態を評価する。
3. 評価項目を可変なものとするため，項目は主として現在の状態の評価となる。しかし将来のマネジメントプランを検討するため，マネジメントにつながる，近未来についての評価項目を含んだ。
4. 本評価は処遇の変化の判断にも用いられる。ただし，リスクアセスメントには，本評価と併せ，過去の（不変の）要因も考慮に入れるべきである。

各項目についての解説とアンカーポイント
「精神医学的要素」
1. 精神病症状
解説
　医療観察法の対象者は心神喪失または心神耗弱が前提となっているため、その多くに精神病症状の既往があると考えられる。統合失調症と暴力との関連については議論が分かれており、統合失調症が暴力のリスクファクターとなるという研究と、反対に精神病性障害とコントロール群との犯罪率が変わらないという研究、一度犯罪を犯した者の中では統合失調症は再犯リスクを下げるという研究がある（安藤, 2003）。また症状では幻覚や妄想と暴力の関係を示す研究がある。特に命令性幻聴が暴力のリスクを増すとの報告がある。また Link & Stueve（1994）によると、脅かされる感じと自分をコントロールできないという感じにつながる精神病症状は地域での暴力を予測する。共通評価項目では症状の有無を検討すると同時に、症状と対象行為の関係も評価したい。

評価基準
　現在の精神科症状の広がりと重篤度を評価する。この項目は主として知覚、思考を評価する。下記項目がチェックされ、それぞれの項目を0（＝なし）、1，2の3段階で評価し、最も高得点を示した項目の点数がコードされる。全ての評点は1であり、2点が1つでもあれば全体の評点は2点となる。観察期間中の最も重篤な状態が評価される。

1) 通常でない思考内容：普通でない、怪奇な、あるいは奇妙な考えを表明する。重要でないことに強度にこだわる。明らかに異質のものを、同質とみなす。これはおろかさや悪ふざけによるものを含まない。（BPRS 15. 思考内容の異常に準ずる：通常では見られない、奇妙、奇怪な思考内容、すなわち思考狭窄、風変わりな確信や理論、妄想性の曲解、すべての妄想。この項では内容の非通常性についてのみ評価し、思考過程の解体の程度は評価しない。本面接中の非指示的部分および指示的部分で得られた通常では見られないような思考内容は、たとえ他の項（例．心気的訴え、罪責感、誇大性、疑惑等）ですでに評価されていてもここで再び評価する。またここでは病的嫉妬、妊娠妄想、性的妄想、空想的妄想、破局妄想、影響妄想、思考吹入等の内容も評価する。特定の対象への被害感、暴力的空想は特に他害行為に関連の強いものとして重要視される。1＝ごく軽度。思考狭窄もしくは通常では見られない信念。稀な強迫観念。2＝患者にとって相当に重大な意味を持つ奇怪な理論や確信。）

2) 幻覚に基づく行動：通常の外的刺激に基づかない知覚。これは通常独言や実在しない脅威に振り向いたり、明らかに間違った知覚をはっきりと述べたりすることで示される。（BPRS 12. 幻覚に準ずる：外界からの刺激のない知覚。錯覚とは区別する。命令性の幻聴は特に他害行為との関連が強いものとして重要視する。1＝軽度。孤立した断片的幻覚体験（光、自分の名前が呼ばれる）。2＝やや高度。頻回の幻覚。患者がそれに反応し、洞察はない。

3) 概念の統合障害：混乱した，弛緩した，途絶した思考。思考の流れを維持することができない。これはおろかさや悪ふざけによるものを含まない。(BPRS 4. 思考解体に準じる：思考形式の障害。主に観察にもとづいての評価。1＝多少の不明瞭，注意散漫，迂遠。2＝多少の無関係，連合弛緩，言語新作，途絶，筋道を失う。返答に理解困難なものもある。)

4) 精神病的なしぐさ：例えば，常同性，衒奇性，しかめ面，明らかに不適切な笑い，会話，歌，あるいは，固定した動き。(BPRS 7. 狂気的な行動や姿勢に準じる：風変わり，常同的，不適切，奇妙な行動および態度。1＝多少の風変わりな姿勢。時々の小さな不必要で反復性の運動（手を覗き込む，頭を掻くなど）。2＝しかめ眉，常同的運動・たいていの間，粗大な常同的あるいは奇異な姿勢。)

5) 不適切な疑惑：明らかに不適切でなければならない（例，食べ物に毒が入っている。エイリアンが考えを読む。あるいは皆が自分を捕まえようとやっきになっている。）いくつかの場合，患者の他害行為の性質や性格や身体的な障害のために，他の患者が自分を引っ掛けようとしていると表明されることがあるかもしれないが，この場合おそらく患者の疑惑は正しい。(BPRS 11. 疑惑に準じる：患者に対し他者からの悪意や妨害または差別待遇があるという確信。自意識の増加や軽度の疑惑から関係念慮や迫害妄想まで含める。ここには妄想気分も含める。1＝軽度。漠然とした関係念慮。自分のことを笑っている，些細なことで反対されているなどと疑う傾向。2＝活発で感情面の負担のある被害妄想。いくらかの体系化あるいは妄想気分を伴う。)

6) 誇大性：誇張された自己主張，尊大さ，異常な力を持っているとの確信，常時自慢している，できないことをできると主張する。この主張には，過去と現在に関して真実でない主張や不可能な将来の計画が含まれる。(BPRS 8. 誇大性に準じる：過大な自己評価，優越感，異常な才能，重要性，力量，富，使命。1＝優越感，重要性，才能，能力があると感じる。自慢。特別扱いされることを望む。2＝力量，超自然的能力，使命についての妄想的確信。)

評価：0＝問題なし，1＝軽度の問題，2＝明らかな問題点あり
　　　総合評価は下位評価の最も高い点数が採用される。
　　　　一過性の場合は最後に観察された日付（　　　）

---

2. 非精神病性症状
解説

抑うつ状態での拡大自殺による他害行為も医療観察法の対象として想定されるものの1つである。また躁状態，易刺激的な状態での他害行為も想定される。責任能力とは直接関係ないが怒りは暴力の強いリスクファクターで，特に抑うつの診断があるときにはその傾向が強い（Hodgings, 1999）。怒りと暴力は異なる水準のものであるが，感情としての怒りから暴力行為に至らないためのコントロール能力は他害行為の防止

要因となり，アンガーマネジメントなどによって怒りのコントロール能力を高めることで暴力リスクを低下させることができよう。

　評価基準

　この項目は主として気分および不安を評価する。知的障害に伴う認知の障害はこの項目で評価される。下記項目がチェックされ，それぞれの項目を0（＝なし），1，2の3段階で評価し，最も高得点を示した項目の点数がコードされる。全ての下位項目を検討することが重要であるが，1の評点が多くあっても全体の評点は1であり，2点が1つでもあれば全体の評点は2点となる。

1) 興奮，躁状態：気分高揚，易刺激性，多動。（BPRS 17. 高揚気分に準じる：健康感の増大から，多幸症と軽躁，更には躁状態と恍惚状態まで。1＝過度に楽天的。多弁。目的ある活動が増加。2＝調子が高い，興奮している，いつも幸福だ，自分は強いなどと感じる。落ち着かない。イライラ。言語促迫。転導性亢進。多動だが目的ある活動が障害される。）

2) 不安・緊張：ちょっとした問題に対しても過度の恐れや心配を表す。あるいは緊張する。（BPRS 2. 不安に準じる：心配，過度の懸念，不安，恐怖といった主観的体験。1＝軽度で一過性のイライラ，緊張，些細な事柄への過度の懸念もしくは特定の状況に関連した軽度の不安。2＝たいていの間出現するイライラ感，緊張，不安感，動揺，もしくは特定の状況に関連した急性の不安発作。）

3) 怒り：不適切にかんしゃくを起こす。怒りの表現が軽度で，単発的な場合は無視してよい。（BPRS 10. 敵意に準じる：他者に対する敵意，軽べつ，憎悪の表現。イライラした，敵対的，攻撃的行為で患者自身により報告され，最近の病歴から知られているもの。1＝他人への過度の非難。2＝顕著な焦燥。敵対的態度。告発，侮辱，言語的脅迫を呈する怒りの爆発。）

4) 感情の平板化：感情の動きの減退，平板化。薬によるものではないこと。（BPRS 16. 情動鈍麻もしくは不適切な情動に準じる：感情緊張の低下もしくは不適切，ならびに正常の感受性や興味，関心の明らかな欠如。無関心，無欲症。表現された感情がその状況や思考内容に対して不適切。観察にもとづく評価。1＝感情反応が稀で固い。もしくは時に文脈から外れたものである。2＝無欲と引きこもり。自分の置かれている状況に無関心。妄想や幻覚が情動的色付けを欠く。不適切な情動。）

5) 抑うつ：悲哀感の表明。楽しみの喪失。これはほとんどの日常活動に染み込んでいる。（BPRS 9. 抑うつ気分に準じる：悲哀，絶望，無力，悲観といった感情を訴える。重症度を評価する際には被験者の表情や泣く様子を考慮にいれる。1＝気力喪失の訴え。沈んでいる。くよくよする。悲しい。2＝抑うつの身体的徴候〈通常はいくらかの制止もしくは激越を示す〉。絶望感，希望喪失。抑うつ的内容が前景。）

6) 罪悪感：過去の行為や自分ではどうしようもないことに対する過度の自責，羞恥，後悔。（BPRS 5. 罪業感に準じる：過去の行為についての呵責，自責，自己批難。罰を受けて当然だと思う。1＝過去の行為についての過度の後悔。些細なことに

ついての自責傾向。2＝うまくゆかないことすべてについての自己卑下と自己批難を示す広範囲にわたる罪業感。）
7) 解離：ICD-10における解離性障害の診断基準を満たす。なお離人症状はこの項目に含める。1＝解離性障害の疑い。一過性の解離状態を含む。2＝解離性障害の診断基準を満たす。もしくは離人症状が認められる。
8) 知的障害：知的障害に由来する認知の障害。1＝知的障害の疑い。2＝軽度以上の知的障害

> 評価：0＝問題なし，1＝軽度の問題，2＝明らかな問題点あり
> 　　　総合評価は下位評価の最も高い点数が採用される。
> 　　　一過性の場合は最後に観察された日付（　　　）

3. 自殺企図

解説

　この項目は他害行為リスクのアセスメントからは外れるが，対象者の自殺を防ぐことを考え，自殺企図の評価を入れる。他害行為を行った者の自殺率は高く，自身の行為を振り返ったときに自殺のリスクが高まることが想定される。

評価基準

　この項目は希死念慮の有無，自殺企図の有無と自殺傾向のリスクを評価する。自傷行為は希死念慮を伴っているときにのみ1点以上の評価とし，希死念慮の伴わない場合には0点とする。希死念慮のみで自傷行為の認められない場合，ならびに明らかな生命におよぶ危険性のない自傷行為は，1点以下の評価にされ，明らかな生命の危険性を伴う自殺企図のある場合のみ2点とする。

> 評価：0＝問題なし，1＝軽度の問題，2＝明らかな問題点あり
> 　　　最後に観察された日付（　　　）

「個人心理的要素」

4. 内省・洞察

解説

　内省には病識と対象行為（他害行為）の振り返りが含まれるが，それに加えて疾患と他害行為のつながりへの理解が含まれる。複合的な構成要素になるが，病識と他害行為へのふり返りを別項目とすると，疾患と他害行為のつながりを評価することができなくなるため，3者の全てを包含した単一項目とする。内省は自分のプロセスに対する理解であり，あるかないかの二分法で捉えきれない。統合失調症などの精神障害があるからといって内省が全く欠如していると考えるべきではなく，対象者自身がどのように理解をしているかが問われる。内省は再発の防止要因となる肯定的な要素で

あり，対象者の治療への動機付けと治療継続に関わる。
   評価基準
   この項目は，対象者が自分で精神障害をもっていると信じているかどうかと，自分の精神障害の意味と責任に気づいているか，および，起こしてしまった他害行為に対する姿勢を評価する。行動面では以下のような項目がチェックされ，それぞれの項目を0（＝なし），1，2の3段階で評価し，最も高得点をを示した項目の点数がコードされる。疾病に対する内省と他害行為に対する内省の両方，ならびに他害行為と疾病との関係についての内省も含み，最も悪いポイントに従って評価する点に注意されたい。
1) 何の反省も示さない：当該他害行為に対する責任を感じていない。自分が他人に強いたことに謝罪しようとしない。表面的でも自分の行為を認め，反省の弁が認められる場合には1点以下とする。2)〜3) の項目の特徴が顕著な場合にはこの限りではない。
2) 過去の暴力的な行為を無視したりおおめに見たりする：自分の暴力行為に注意を払わない。自分の暴力行為をたいしたことではないとみなす。仮に病識があっても，他害行為を行ったことを否認する場合には2点とする。
3) 病識のなさ：自分の精神疾患を否認する。精神疾患と他害行為との関連も認識しない。精神病症状と他害行為が直接的に関連している場合には，疾病の否認があれば2点とするが，精神疾患と他害行為との関連性が間接的な場合は全く病気を否認しても他害行為への内省があれば1点とする。精神疾患と他害行為との関連性によって病識のなさに対する評価が異なることに留意されたい。

評価：0＝問題なし，1＝軽度の問題，2＝明らかな問題点あり

5. 生活能力
   解説
   生活能力はまた再発の防止要因と考えられる。対人場面でのトラブルを回避する能力，身の回りのことを行い，自立した生活を営む能力は退院後の生活の維持を容易にするであろう。逆に生活能力の欠如は社会復帰を困難にし，金銭管理の困難から生活費を使い果たし，窃盗などの短絡的な犯行に至ることもある。この項目は主として作業療法士や精神保健福祉士によって評価されることが予想される。
   評価基準
   この項目は患者の生活技能，対人技術などのうち，不適応行動の能力的な面を評価する。入院あるいは留置中の場合は，地域での生活時の生活能力を参考にしながら，留置中の状態変化を勘案して評価する。行動面では以下のような項目がチェックされ，最も高得点を示した項目の点数がコードされる。全ての下位項目を検討することが重要であるが，1の評点が多くあっても全体の評点は1であり，2点が1つでもあれば全体の評点は2点となる。

1) 生活リズム：昼夜逆転，睡眠と覚醒の時間が定まらない。
2) 整容と衛生を保てない：顔を洗わない，あるいはめったに洗わない。衣服が汚い あるいはぼろぼろ。外見が汚い，あるいはくさい。
3) 金銭管理の問題：金銭のやりくりができない。しばしば金銭の貸し借りをする。消費者金融から安易に借金をする。不要なものを安易に買ってしまう。
4) 家事や料理をしない：寝る場所が散らかっている。台所や共用場所を散らかったままにする。自分で片付けない。掃除，洗濯やゴミの分別が出来ない。
5) 安全管理：火の始末，貴重品や持ち物の管理などができない。戸締りが出来ない。
6) 社会資源の利用：交通機関など公共機関を適切に利用できない。必要な物品の入手が出来ない。
7) コミュニケーション技能：電話や手紙が利用できない。困難な状況で助けを求めることが出来ない。
8) 社会的引きこもり：故意に他人との接触を避ける。グループ活動に入らない。
9) 孤立：ほとんど友達がいない。集団の中にいても他者との交流が乏しい。
10) 活動性の低さ：まったく活動をしない。多くの時間を寝ているか横たわってすごす。
11) 生産的活動・役割がない：就労，主婦，学生，ボランティア，デイケアや作業所の通所，地域活動などへの参加がない。
12) 過度の依存性：すがり付いて離れない，他者の時間を独占する。簡単なことでさえどうするか言われなければできない。
13) 余暇を有効に過ごせない：時間の使い方が分からずに苦痛を感じる。何も楽しみがない。
14) 施設に過剰適応する：病院に居続けたがっている。退院や社会にかかわるのを心配している。

評価：0＝問題なし，1＝軽度の問題，2＝明らかな問題点あり

6. 衝動コントロール

解説

衝動性は情動，認知，行動に関連する。先のことを考えずにその場の思いつきで行動する，考えが変わりやすく，一旦同意しても容易に約束を違えるといった衝動性の高さは，行動の長期的なマイナス面を考えないことにつながる。結果として即時的な欲求充足のための他害行為につながりやすくなる。また衝動性が高いと，知的に理解された内容が行動へと般化されることの障害となる。これらの衝動的な欲求をコントロールすることを学習し，高い衝動コントロールをもつならば他害行為の防止要因となろう。

評価基準

この項目は衝動的，計画のない，考えたり先の予見のない行動パターンを評価する。

先のことを考えずにその場の思いつきで行動するような傾向，気まぐれな態度，考えや行動の変わりやすさが評価の対象となる。衝動買いのために金銭管理が出来ない，治療計画に同意してもすぐにひるがえす，などの特徴が評価される。

　怒りに関しては，ささいなことですぐかっとなり，後のことを考えることなく大声を上げる，物に当たるなどの行動化が見られる時に，「2．非精神病性症状」と併せてここでも評価する。かっとなっても行動化を抑えることが出来る場合，また恨みなど特定の対象への怒りはここでは含まない。慢性の怒りは含まず，反応性の突発的な怒りは含む。行動面では以下のような項目がチェックされ，評価の参考とされる。
1) 突然計画を変える，言うことがすぐに変わる，など一貫性のない行動。例えばすぐに仕事を辞める，引っ越す，人間関係を壊す，約束を守れない，など。
2) 待つことができない。飽きっぽい。落ち着いて座っていられない。
3) 何か思いついたらすぐに行動してしまい，行動の結果が自分や他人にどういう結果をもたらすかを，考えることができない。先の予測ができない。目先の利益に目を奪われて，先のことが考えられない。衝動買いや返す当てのない借金をする。
4) そそのかされたり，暗示にかかりやすい。しばしば他の患者にだまされる。その場その場の状況で流される。ほかの患者の言うことに疑問を持たずに従う。
5) 内省や状況の判断なしにささいなことで怒りの感情を行動化する。

評価：0＝問題なし，1＝軽度の問題，2＝明らかな問題点あり

「対人関係的要素」
7．共感性
解説
　共感性の問題はサイコパシーを特徴づける重要な特徴の1つでもあり，他者への共感性の欠如は自分の行為が相手へ及ぼす感情の理解のできなさに通じ，罪責感形成を困難にする。反対に高い共感性は他害行為の抑止力となる。

評価基準
　この項目は基本的な対人関係における情性の欠如や他者への共感性の欠如を評価する。他者の感情を理解することができず，自分の行為が相手にどのような影響を及ぼすか理解できない。（例として広汎性発達障害に見られるような「こころの理論」の問題）あるいは他者の感情や他者への影響を知的に理解することはできても配慮しない。他者を自分の利益を満たすための道具としてとらえ，何の躊躇も罪悪感もなく，無責任で冷淡で他者を傷つけたり，他者を操作的に扱う。（例としてサイコパシー）自分の行動によって他人が被害をこうむっても「あいつは運が悪かったんだ」「自分の知ったことではない」「あいつが～したのがいけないのだ」「（被害者がどう感じたか）自分じゃないから分かりません」などの言葉，操作的で搾取的な対人関係，人や動物の虐待などの行動が評価される。日常的な対人行動において常に他害的な意図や問題が認められるサイコパシーや明らかな広汎性発達障害及び重篤な陰性症状として

情動平板化した統合失調症の場合を2とし，他者の気持ちに対して一定の理解が出来る場合を1以下の評点とする。

> 評価：0＝問題なし，1＝軽度の問題，2＝明らかな問題点あり

8. 非社会性
解説

社会や権威への否定的態度が含まれ，向犯罪的態度を評価する。個人への共感性の欠如とは異なる。犯罪行動を過小評価し，他者の権利を無視し，自己中心的な考え方をする。非社会性が高いと精神病症状とは関係なく他害行為に至りやすく，また怒りなど他害行為への動機がさほど強くなくとも行為に至りやすくなる。

評価基準

この項目は基本的な対人，対社会的な患者の姿勢を評価する。非（反）社会性人格障害の評価とは密接に関連しているが，ここでは治療やケアによって可変的な要因とみなされる非社会的態度や向犯罪的思考や対人関係での問題を評価する。当該行為については明らかに精神病症状に基づくと考えられる場合は除外して考え，通常の生活上の行動パターンを評価する。行動面では以下のような項目がチェックされ，評価の参考とされる。例えば下記項目があれば2点と評価される。

1) 侮辱的な，からかうような，嫌がらせのようなことを言う：これははにかみからくる衒いを超えた程度でなければならない。また単発的なことであってはならない。
2) 社会的規範，規則，責務を蔑視する態度：市民社会，仕事や学校や家族といった，社会的規範に従った（非犯罪的な）人や活動や場の有効性や価値を，支持しない，あるいは拒否し否定する。これらはこうした人や活動や場にたいする明らかな侮蔑や常時シニカルな態度をとることで示される。
3) 犯罪志向的な態度：一般的に犯罪への同一化で示される。例えば，犯罪を是認し，警察を認めない。
4) 特定の人を害するようにふるまう，特定のタイプの被害者に固執する：たとえば女性スタッフに暴虐になる傾向。子供や女性や当該犯行の被害者と似たタイプの人に固執（見たり話したり）する。
5) 他者を脅す。
   下記項目があれば1点以上の評価となる。頻度，程度が甚だしければ2点とする。
6) だます，嘘を言う。
7) 故意に器物を破損する。
8) 犯罪にかかわる交友関係：しばしばトラブルを起こしたり犯罪行為をしていることが疑われるものとつきあう。
9) 性的な逸脱行動：不適切に触る，さらす，話す，盗む，覗く。サディズム，小児性愛など。

10) 放火の兆し：これは行動と言葉を含む．ほんのわずかな証拠も含む．

評価： 0 ＝問題なし， 1 ＝軽度の問題， 2 ＝明らかな問題点あり

9. 対人暴力
解説

多くのリスクアセスメント研究が示すように，将来の暴力についての最大の予測因子は過去の暴力である．過去の暴力の犯歴についてはデータベース中の項目で評価するが，暴力の発生の経過を評価し続ける意味で，対人暴力を共通評価項目に盛り込む．「対人」と限ったのは，定義をクリアにするため，また医療観察法の対象となる他害行為が，放火を除き対人暴力行為であるためである．

評価基準

経過中に観察された直接的な対人的暴力を評価する．軽度の暴力であっても一度でも行動に至れば1点以上の評価がなされ，即座にその状況や対象者の要因が評価され，対応が検討されるべきである．

ここで暴力とは他者を実際に傷つける，傷つけようとする，傷つけようと脅すことを含み，脅しの場合は「殺してやる」などのように明確である場合に限る．またストーキングのように恐怖を引き起こす行為も暴力に含む．強制わいせつ，強姦など全ての性的暴行も暴力に含む．

評価： 0 ＝問題なし， 1 ＝軽度の問題， 2 ＝明らかな問題点あり
　　　最後に観察された日付（　　　）

「環境的要素」
10. 個人的支援
解説

この場合の個人的な支援は家族や近親者，友人などの公的でない関係者による援助をさす．家族による支援は対象者の安定や安心を得るのに大いに役立つし，公的支援で細やかな援助を構成するのは不十分である．対象者の個別の人間関係に即した個人的支援の有無を評価し，その家族等関係者への働きかけ，その関係者への支援の体制を検討する．家族への支援，介入，指導などを評価する項目でもあり，また公的な支援をどの程度補うべきかの指標でもある．

評価基準

この項目は家族や友人などの個人的な支援について，サポートの有無および支援的であるかどうかの両面から評価する．

サポートには3つの主要なものがある．(1)情緒的サポート～対象者への情緒的支持を与える．(2)道具的(手助け)～物質的，行動面での支援を行う．(3)情報～新しい

事実・情報を示すことで援助する。
　上記3点を考慮し，援助的なサポートが存在する場合には0点，サポートの存在や有効性が疑わしい場合には1点，サポートが全く存在しないか，かえって有害な場合には2点が評定される。この項目では個人的支援があり，全体として対象者にとって害より益のほうが多いと考えられるときには0点と評価する。

> 評価：0＝問題なし，1＝軽度の問題，2＝明らかな問題点あり

11. コミュニティ要因
解説
　この項目は個人的支援を除いた対象者の環境について評価する。環境的には人的かかわりも含まれる。対象者の環境には対象者を不安定にする要因，および対象者の安定につながる要因の両者が考えられる。地域で対象者が生活するときの環境を想定し，対象者が地域で生活している間は実際の生活を評価，入院中であれば退院後に予想される環境について評価する。

評価基準
　コミュニティ要因は居住環境と地域環境，人的ネットワーク，公的支援（社会資源）の3点から評価される。例として潜在的に有害な仲間集団，薬物依存を合併する対象者ではアルコールや薬物が容易に手に入る環境や乱用集団に戻ること，金銭の浪費に誘惑が多い環境などが評価される。一方，この項目はまたコミュニティ要因が生活に健康な構造を与えられるような安定化への促進因子も評価の対象となる。例として断酒会とのつながりや地域の保健師との連携などが含まれる。コミュニティによる支援および有害な影響のどちらもない場合は1点の評価とし，サポートがある場合を0点，コミュニティが有害な影響をもたらす場合には2点を評定する。

> 評価：0＝問題なし，1＝軽度の問題，2＝明らかな問題点あり

12. ストレス
解説
　ストレスは対象者のストレス特異性，耐性，対応能力によって，どんなストレッサーがどの程度のストレスを引き起こすか異なってくる。対象者のストレス耐性を評価するとともに，ストレスの受けやすさも大きな要因である。対象者が自分のストレス耐性を把握し，回避などの行動を取れるのか，逆に自らストレッサーに近づくような行動をとるのか。ストレスが高いときには病状も悪化しやすく，また他害行為も生じやすいため，対象者がどのようなものをストレスと感じるか評価することから介入計画の策定へとつなげる。

評価基準

　ストレスの大きさはストレッサー，および対象者のストレス対処能力・ストレス耐性（ストレス脆弱性）の両者のバランスによって決定される。ストレス耐性が平均的であっても，家族との葛藤など大きなストレッサーが明らかであれば，強いストレスにさらされやすくなり，2点の評点になる。反対に大きなストレッサーがなくとも，ストレス脆弱性が明らかで，日常的なストレッサーで対処できなくなる場合も，対象者は強いストレスを体験するため2点の評点になる。大きなストレッサーの存在，およびストレス脆弱性のどちらも認められないときに0点の評点となり，大きなストレッサーの存在，あるいはストレス脆弱性が疑われたときに1点の評点となる。

評価：0＝問題なし，1＝軽度の問題，2＝明らかな問題点あり

13.　物質乱用
　解説

　物質乱用は暴力のリスクファクターとしては大きなものであり，統計的には精神病性症状よりもはるかに暴力のリスクを高める。山上ら（1995）による追跡調査でもアルコール・薬物乱用者の再犯率は抜きん出て高い。また精神疾患との重複診断があるときに暴力リスクを高める要因でもあり，統合失調症においても気分障害においても，物質乱用と重複することで暴力犯罪のリスクが高まる（Hodgins, 1999）。

　物質乱用のある場合，他害行為は乱用時にも起こりうるが，使用していなくとも薬物やそのための金銭の入手のために他害行為が行われる場合がある。

　評価基準

　物質乱用は入院などの強制的な環境下と社会復帰後の生活では異なるので，主には行動制限が減じる中で評価をすべき事項である。

　この項目は，物質乱用歴の重篤度，犯罪との関連，物質乱用に対する内省の深まりで評価される。物質乱用の既往がなければ0点。既往があれば1点以上の評定となり，物質問題の否認があれば2点となる。

評価：0＝問題なし，1＝軽度の問題，2＝明らかな問題点あり

14.　現実的計画
　解説

　特に対象者の社会復帰に当たっては，現実的なフォローアッププランが存在し，対象者がそれを受け入れることが不可欠である。地域での生活を維持していくために方針が定まらず，フォローアップの体制が整っていなければリスクは高くなり，逆に対象者の再発やそれに伴う行為のリスクを低減させる現実的なプランが整えられ，かつ合意され遂行されることで対象者の地域での生活が保たれるであろう。また，いかに

優れたプランがスタッフによって作られても，対象者の合意がなければプランの遂行ができず，プランは破綻する。そのため対象者の同意が含まれることも重要な要因である。

評価基準

対象者の計画性や現実的判断能力を評価するのではなく，実際に実現可能な計画があるかを評価する。退院後の計画，地域での生活を維持するための計画が対象者本人と公的な治療者や援助者とによって作成され，これらの計画が現実的で実行可能であるか，対象者の再発やそれに伴う行為を予防することに沿っているか，計画が対象者や援助者に理解され受け入れられているか，そのための体制（人的，財政的など）は整っているか等を検討する。現実的なフォローアッププランを受け入れることで対象者のリスクは低減される。

「適切，安全，対象者の自己決定を尊重した現実的計画」は対象者の自己に関する評価，欲動のコントロールを基礎として，治療者との合意のもとでの退院計画の具体性を評価する。治療者は対象者の社会復帰した後の状況を視野に置き，対象者にわかりやすい計画を提示し，その上で対象者の理解に基づく同意を得ることをめざす。

鑑定など治療の始まっていない段階では，対象者本人の計画を尋ね，その実現可能性を判断して評価する。以下のような項目をガイドラインにして，評価する。

1) 退院後の治療プランについて対象者から十分に同意を得ているか，そして必要なときに変更できるかについても同意されているかどうか
2) 日中の活動，過ごし方（仕事，娯楽など）について計画され，対象者自身がそのことを望んでいるかどうか
3) 住居について確保され，対象者が生活する場となりうるかどうか（かかわりをもつ可能性のある人物の質も評価する）
4) 生活費などの経済的問題がないかどうか
5) 緊急時の対応について確保されているかどうか
6) 対象者に関わる各関係機関との連携・協力体制が退院前より十分に機能しているかどうか
7) 退院後に対象者にとってキーパーソンとなる人がいるかどうか，また協力的な関わりを継続して行ってくれるかどうか
8) 地域への受け入れ体制，姿勢が十分であるかどうか

評価：0＝問題なし，1＝軽度の問題，2＝明らかな問題点あり

「治療的要素」
15．コンプライアンス
解説

治療可能性という用語が広まりつつあるが，実際的には治療可能性は相対的な概念で，判断の主体によって大きく変わりやすい。治療可能性の概念は下位概念へと分割

して判断する方が望ましい。治療反応性は，治療可能性を含んだ概念で，治療へのモチベーションと準備性，治療コンプライアンスと参加，治療の効果，治療効果の般化の4段階に分割できる（Webster, et al., 2001）。この項目では前半の2段階，治療へのモチベーションと準備性，ならびに治療コンプライアンスと参加との両者を評価する。すなわち治療への意欲があり，かつ同意して治療を進めていけるかがここでの判断となる。

コンプライアンスは内省と密接に結びついており，一定の内省を持った上で治療を受け入れ，進めていくことである。コンプライアンスは治療の継続性につながるため，治療計画はコンプライアンスを高められるように進められる必要がある。

評価基準

この項目では治療へのモチベーションとコンプライアンスを評価する。要素的には以下のような項目にそって検討される。（A. 治療準備性：評価－問題の認知，ゴール設定，モチベーション，自己への気づき，期待，行動の一貫性，治療への見方，自己効力感，認知的不協和，外的支援，情動的要素　B. 対人スタイル評価－向犯罪的見方，向犯罪的つながり，誇大性，無感覚，無効化，衝動性，延期，怒りへのモチベーション，力とコントロール，問題解決，被害者へのスタンス）。

鑑定など治療開始前の評価時には，病識および自ら治療を求める態度が参考にされ，これらがなければ2点と評定する。

評価：0＝問題なし，1＝軽度の問題，2＝明らかな問題点あり

---

16. 治療効果

解説

コンプライアンスの項目で述べた治療反応性の後半2段階，治療の効果とその般化がここで評価される。これはコンプライアンスが，対象者の意思を評価するのに対し，治療効果は薬剤が十分に反応するか，心理的アプローチが学習あるいは般化されるかが評価の対象になる。ここでは治療抵抗性の統合失調症における薬剤への反応の乏しさ，知的障害による学習困難，広汎性発達障害による般化の困難などが問題として予想される。治療効果の予測は治療の導入時点で特に問題となり，治療効果が望めないとなれば，治療適合性が失われる。

評価基準

この項目は，治療抵抗性のうち治療効果（治療で得られるものと治療の般化）を評価する。要素的には下記項目にそって検討される。治療遂行評価－プログラム内容の知識，スキルの獲得，開示，対象者の信頼，知識の適用，スキルの適用，犯罪性の理解，モチベーション，内省，出席，破壊的なこと，適切に利用できること，感情的理解の深さ。治療進行中には以上のような項目が検討されるが，それらに加え治療効果は未来の予測を含むため，治療中の評価および鑑定時など治療開始前の評価に際し，一般精神科診断に基づく治療効果とその般化についての予測が適用される。

評価：0＝治療効果が望める，1＝治療効果への問題が予想されるが，一定の治療効果は期待される，2＝治療効果は望めない

17. 治療・ケアの継続性
解説
治療やケアの継続性に関する事項である。コンプライアンスの項目で現在のモチベーションとコンプライアンスを評価するのに対し，ここでは将来の予想を含む。つまり現在のモチベーションとコンプライアンスが維持されるか，また治療が中断に至るような危険因子はないか。医療機関へのアクセスの悪さや対象者が治療効果を感じられないことなどは治療・ケアの継続性を低下させる。

評価基準
この項目では治療を継続させるための評価を行う。下記項目が考慮され，また院内処遇の失敗や意図的な離院や外出，外泊の失敗もこの項目で評価される。鑑定など治療開始前の評価時には，病識および自ら治療を求める態度が参考にされ，これらがなければ2点と評定する。
1) 治療同盟－治療同盟を築き，積極的に患者を治療プロセスに導入する
2) 予防－コンプライアンスを阻止あるいは邪魔する可能性のあるものを査定し，プランを立てる（治療を継続することを阻害し得るものを，それが起こる前に同定し，その阻害要因に打ち勝つ戦略を形成する）
3) モニター－治療継続を行えるように治療者は，関係機関と情報を共有し，モニターの戦略を立てる
4) 対象者がセルフモニタリングについて自覚し，そのことに関して周囲の助言をきくことができるか
5) 対象者の症状悪化，もしくは不安要因はどういったことなのかを治療者と十分話し合い，緊急時の対応が合意されている

評価：0＝問題なし，1＝軽度の問題，2＝明らかな問題点あり

個別項目
この項目は，共通評価項目以外の対象者の社会復帰と治療及びケアにとって必要な固有な項目を挙げる。また対象者の他害行為に関連して疾病として治療や介入を要する要因を，ひろく生物学的，心理学的，社会的に検討し，最も重要と思われる事項を3項目選択する。選択項目は大きく分けると，第1にリスクアセスメントとリスクマネジメント（何によって阻止できるか）を考慮して決定される。第2に治療及びケアにとって重要とされる項目を選択する。慢性的な管理を要する身体合併症はここに含める。第3に社会復帰にとって重要な意味を持つ項目を選択する。暴力リスクのある場合は暴力リスクの性質の検討がまずなされる。暴力リスクは多様な側面を持った構

成概念であることを踏まえて検討する。

共通評価項目から対処への架け橋　対象者の治療課題のシナリオを作る

　共通評価項目はそれに続く，評価に対する対処計画（マネジメント，プランニング）を必要とする。マネジメントを計画するためには対象者の治療課題や問題点を全体として把握し整理する必要が求められる。対象者の治療課題のシナリオは下記の手順で作成される。
1）性質：どんな種類の問題（例えば暴力）が起こるか？
2）深刻さ：どのくらい深刻な問題（例えば暴力）が起こるか？
3）頻度：どのくらい頻繁に問題（例えば暴力）が起こるか？
4）切迫度：どのくらい切迫しているか？
5）蓋然性：問題（例えば暴力）が起こる可能性はどのくらいか？

　さらにリスクは対象者の病状，行動や環境などの文脈に依存する。考慮される文脈は下記の指針により検討される。
1）危険の同定（どの事態が起こるか？）
2）危険の頻度（どのくらいの頻度で起こるか？）
3）さらされるシナリオ（どの状況下で起こるか？）
4）リスクを特徴付ける（条件があるか？）
5）リスクマネジメント（何によって阻止できるか？）

　こうした指針による検討は多職種チームにより決定される。治療課題や問題点は共通評価の17項目を具体的，個別的に決定される。例えば　1）当該行為時と同じ妄想，2）適切な援助者の欠如，3）退院後想定される環境での対処技術（具体的に同定する）の欠如，4）退院後の物質乱用への脆弱性，などが想定される。

出典：平成16年度厚生労働科学研究研究費補助金（こころの健康科学研究事業）「触法行為を行った精神障害者の精神医学的評価，治療，社会復帰等に関する研究」総括・分担報告書（主任研究者：松下正明），平成17年3月

○あとがき

　同じ精神科医といっても，働いている場によってその対象はさまざまであることから，医療観察法についてすべての精神科医が精通していなければならないなどということはないのは当然である。ただ，これまでの日本の精神科医療，特に精神科病院医療にはおそらくほとんどすべての精神科医が何らかの疑問と矛盾を感じていたことは確かなことと考える。筆者に限っていえば，過去三十数年間の臨床体験にとっても，そうであった。

　このような精神科医療に対する拭い去れない不全感の根本的原因はどこにあったのか。医療観察法成立の意義はいろいろあるが，一つは，そのようなこれまでの精神科医療に内在していた問題点を顕在化させる役割を果たしていることにあるといえよう。本書を企画した意図も一つはこの点にあった。

　今後，裁判員制度も始まる中で，医療観察法の施行と合わせ，司法改革は必ず進んでいくものと考えられ，その際に果たすべき精神医学の役割には，日本の刑法が少なくとも責任主義をとっている以上，極めて大きなものがある。そのような意味で，特に司法精神医学はこれまでと異なり，これからの精神医学の一つの柱として大きな潮流を成していくものと考えられる。

　我々精神医療関係者は，それに応えるべく新たな精神医学を構築する努力を怠ってはならず，そこから生ずるものは，これまでの精神科医療のあり方を一変させるようなものになる可能性があることをお伝えし，筆をおくことにする。

　2008年4月

武 井　　満

索　引

3次救急 ······················· 3
5軸評価 ······················ 31
24条 ························· 2
24条通報 ····················· 3
25条 ························· 3
26条 ························· 4
29条の2の2 ··················· 4
ECT ······················ 8, 36

【あ】

安全 ························ 11
怒りのコントロール ············ 29
移送制度 ····················· 6
依存性 ······················ 43
一般精神療法 ················· 23
医療観察法 ···················· 5
医療モデル ············· 9, 31, 38
飲酒 ························ 40
宇都宮病院事件 ················ 4
運営方針 ···················· 12
大阪池田小学校事件 ············· 4

【か】

外出 ···················· 27, 38
改善度評価 ··················· 33
外泊 ················· 13, 27, 38
回復期 ··················· 23, 27
関係性 ··················· 21, 30
管理度と自由度 ············ 23, 28
起訴前精神鑑定 ················ 3
客観性 ················ 8, 11, 31
急性期 ··················· 23, 26
共感性の育成 ················· 29
行政救急 ····················· 3

強制権 ······················ 40
矯正施設長の通報 ············ 4, 6
強制治療 ···················· 36
行政モデル ···················· 9
共通評価項目 ············· 35, 45
居住様式 ···················· 42
ケア会議 ···················· 41
警察官職務執行法 ··············· 3
警察官通報 ················· 2, 6
刑罰法令に触れる行為 ········· 1, 4
健康イメージ ················· 27
検察官通報 ···················· 3
攻撃性 ······················ 21
行動特性 ···················· 33

【さ】

再構成 ······················ 27
自己イメージ ················· 23
自尊心 ······················ 12
疾病教育 ···················· 29
疾病軸 ······················ 33
指定通院医療 ················· 10
指定通院医療機関 ··············· 5
指定入院医療機関 ··············· 5
司法精神医療 ················· 31
司法精神療法 ············· 23, 27
司法モデル ···················· 9
社会復帰 ···················· 11
社会復帰期 ··············· 23, 27
社会復帰調整官 ········· 6, 10, 40
遵法性 ······················ 42
状態像評価 ··················· 33
衝動性 ······················ 21
初期基本評価 ············· 31, 45

処遇困難患者 ･････････････････････21
処遇終了 ･････････････････････････41
人格軸 ･･･････････････････････････33
人権 ･････････････････････････････11
新病棟倫理会議 ･････････････････31, 36
睡眠 ･････････････････････････････23
性格特性 ･････････････････････････21
生活 ･････････････････････････････43
生活軸 ･･･････････････････････････33
精神科救急 ････････････････････････3
精神鑑定 ･････････････････････････26
精神障害者移送制度 ････････････････4
精神症状 ･････････････････････････42
精神病理 ･････････････････････････23
精神保健判定医 ･･･････････････････6
生理的 ･･･････････････････････････23
責任範囲 ･･･････････････････････11, 31
説明責任 ････････････････････････8, 31
尊厳 ･････････････････････････････11

【た】

他害行為 ･･････････････････････1, 22
多職種チーム ････････････････････11
多職種チーム医療 ････････････････13
中心イメージ ････････････････････27
直面化 ･･･････････････････････････29
治療構造論 ･･････････････････････22
治療困難患者 ･････････････････････21
治療コンプライアンス ･･･････････43
治療到達目標 ･･･････････････････25, 45
治療プログラム ･････････････････24, 29
デポ剤 ･････････････････････････36, 37

同伴者 ･･･････････････････････････39
透明性 ･･･････････････････････8, 11, 31

【な】

人間関係 ･････････････････････････43

【は】

ハード救急 ････････････････････････3
発達軸 ･･･････････････････････････33
犯罪 ･･････････････････････････････2
評価 ･････････････････････････････32
評価行為 ･････････････････････････34
標準化 ･･･････････････････････････30
福祉 ･････････････････････････････23
プライバシー ････････････････････12
暴力性 ･･･････････････････････････21
保護 ･･････････････････････････････3
保護室 ･･･････････････････････････23
保障 ･････････････････････････････28

【や】

薬物療法 ･･･････････････････････23, 36
役割分担 ･･･････････････････････11, 31
大和川病院事件 ･････････････････････4

【ら】

立件 ･･････････････････････････････3
リハビリテーション ･･･････････12, 23

【わ】

枠組み ･･･････････････････12, 28, 30, 40

索　引　159

◻執筆者一覧

黒田　治（くろだ おさむ）　　東京都立松沢病院

佐藤浩司（さとう こうじ）　　群馬県立精神医療センター

島田達洋（しまだ たつひろ）　栃木県立岡本台病院

田口寿子（たぐち ひさこ）　　東京都立松沢病院

武井　満（たけい みつる）　　群馬県立精神医療センター

吉川和男（よしかわ かずお）　国立精神・神経センター精神保健研究所司法精神医学研究部

（五十音順）

□編著者略歴

武井　満（たけい　みつる）

群馬県立精神医療センター院長

茨城県出身
1973年，群馬大学医学部卒業
群馬大学神経精神科，沖縄県立精和病院，医療法人赤城会三枚橋病院，
東京都立府中療育センター，東京都立松沢病院を経て，
1992年より群馬県立精神医療センターに勤務。
1999年より院長。

著書
『再考・てんかんとくすり』（星和書店）
『障害の思想―共存の哲学は可能か―』（星和書店），他

医療観察法と事例シミュレーション

2008年5月18日　初版第1刷発行

編著者　武井　満
発行者　石澤雄司
発行所　株式会社　星和書店

東京都杉並区上高井戸1-2-5　〒168-0074
電話　03（3329）0031（営業）／03（3329）0033（編集）
FAX　03（5374）7186
http://www.seiwa-pb.co.jp

ⓒ2008　星和書店　　Printed in Japan　　ISBN978-4-7911-0666-0

非行と犯罪の精神科臨床
矯正施設の実践から

野村俊明、
奥村雄介 著

A5判
164p
2,800円

HCR－20（ヒストリカル／クリニカル／リスク・マネージメント−20）第2版
暴力のリスク・アセスメント

C.D.Webster、他著
吉川和男 監訳
岡田幸之、他訳

A5判
112p
3,000円

HCR－20 コンパニオン・ガイド
暴力のリスク・アセスメント

K.S.Douglas、他著
吉川和男 監訳
岡田幸之、他訳

A5判
192p
3,600円

電気けいれん療法の実践的倫理

J.O.Ottosson、
Max Fink 著
中村満 訳・監訳

A5判
180p
3,300円

増補改訂版 精神科医療事故の法律知識

深谷翼 著

A5判
函入
356p
9,320円

発行：星和書店　http://www.seiwa-pb.co.jp　価格は本体（税別）です